阅读让精神世界更美好

2018年上海市中小学暑期读书活动获奖征文与作品汇编

上海市教育委员会中小学图书馆工作委员会 编

目 录 CONTENTS

初中组

高中组

小学组

奇妙的地理世界

——读《我的第一本地理启蒙书》有感

曾子杰

2018 年暑假，我决定前往美国参加 STEAM 夏令营。美国在哪里，离中国有多远？我们在中国热得冒汗，到了美国会不会冻得瑟瑟发抖？太阳在美国的天空也同样是东升西落的吗？对于这些问题，我一无所知。

为了打消这种不安，妈妈向我推荐了一本非常有意思的地理书，它的名字是《我的第一本地理启蒙书》。书的封面上有蓝蓝的天空，几个大眼睛的小青蛙乘着大大的热气球，正在探索地球的奥秘。这本书通过“为什么太阳住在大树上，为什么感觉不到地球在动，一天为什么等于一年”等很多好玩的问题，讲述了与生活息息相关的地理常识。有趣的知识，时常让我捧腹大笑。在欢声笑语中，我学到许多有用的知识。

比如，“弟弟比哥哥大一岁”这一节详细介绍了时差的知识。原来，地球的自转会导致昼夜更替。同纬度地区，东边的地点会比西边的地点先看到日出，也就是说，东边地点的时刻总是比西边地点的时刻要早。还记得，我们 7 月 9 日晚上 9 点从上海出发，到达美国蒙大拿州的时间是 7 月 9 日晚上 11 点，当时我就产生疑问：难道我们只用两个小时就从中国到美国了吗？原来是因为时区不同。实际上，当我们坐飞机到达美国时，中国已经度过整整一天。由于处于不同的时区，当上海是旭日东升的早晨时，美国已是繁星密布的黑夜，而我们的生物钟还停留在“大白天”，尽管是半夜 11 点，但是我们却一点睡意也没有，一不小心我们就成了“夜猫子”。

又比如，这本书还详细介绍了如何辨别方向，除了夜晚可以利用北极星指路，还可以利用大自然的一些现象确定方位。我们STEAM夏令营的第一站是美国的冰川国家公园。我们要在茂密的森林里徒步，学习一些简单的野外生存技巧。这时书中介绍的很多知识就非常有帮助了。比如，树木枝叶稠密的一面是南方，稀疏的一面是北方；树桩年轮线稀疏的一面表示南方，因为受太阳照射时间长，长得快，而稠密的一面表示北方，长得慢。即使爬上冰川国家公园的雪山，厚厚的白雪也能够帮助人们判断方向，因为南边的雪通常比北边的雪融化得更快。我一边听着美国向导的介绍，一边不由自主地感慨“地理这样有趣，地理和生活息息相关”。

阅读这本书，也让我尝到探究的乐趣。这次夏令营我们还来到著名的黄石国家公园。听到这个名字，我不禁想起来《我的第一本地理启蒙书》中有一节叫“依山傍水”，它说许多地方都是根据那里的河流或者山川来命名的，比如洛阳、南阳。我想，黄石国家公园是不是也是根据河流或者山川来命名的呢？带着这个疑问，我开始了我的探究。果不其然，很快我们就来到全球闻名的黄石大峡谷，大峡谷里所有的石头都是黄色的，黄石国家公园也因此被命名，谜底终于解开了。

这本书用简单好玩的方法介绍了很多地理知识，不仅幽默风趣，也让我们学到了许多实用的生活技巧。

作者学校：上海市黄浦区第一中心小学

他们为什么能成功

——读《西游记》有感

刁俊博

我有许多中华经典书籍：《三国演义》《水浒传》《西游记》《隋唐演义》《三字经》……其中我最喜欢的是《西游记》。

《西游记》是我国古典四大名著之一，是明代作家吴承恩所著的长篇神话小说，主要讲述了孙悟空、猪八戒、沙僧三人保护唐僧去西天取经的故事。他们一路长途跋涉、历尽艰险、降妖伏魔，最终取得真经，修成正果。

我之所以最喜欢这部经典著作，不仅是因为它非常有趣，更是因为它展现出了许多做人做事的基本道理。

一、做人要有理想，有明确的目标。在没有去西天取经之前，孙悟空偷吃蟠桃、好勇斗狠；猪八戒在高老庄欺男抢女；沙僧在流沙河吃过往行人。除此之外，他们无所事事，不受欢迎。但当确定了去西天取经的目标后，他们全都改邪归正，忠心耿耿护送唐僧，一路降妖伏魔，为百姓称颂。

二、要实现理想，就要有扎实的本领。孙悟空会七十二变，一路上降妖伏魔；猪八戒会三十六变，在孙悟空打妖怪时当助手；沙僧会十八变，平常牵马挑担，偶尔也去打妖怪；而唐僧指导他们坚定目标，一心向善，不要胡作非为。

三、要实现理想，绝不可能一蹴而就，因此必须要有坚定的毅力。西天取经不是一帆风顺的，师徒四人尝尽了千辛万苦，经历了九九八十一难，甚至不时就面临着生命危险。但无论多难，他们都没有放弃理想，而是排除万难，勇往直前，最终到达西天，取得真经，修成正果。

四、要实现理想，团队的力量很重要。师徒四人一路上分工协作，互相关心，彼此照顾；遇到困难，共同商议。这充分说明了“一个好汉三个帮”，团结奋斗才能成功。

五、要实现理想，就要学会利用各种有效资源。取经路上，有的妖怪非常强大，师徒四人靠自身力量不能战胜，此时他们不是一味地蛮干，而是在发现不敌时立刻去搬救兵，寻求他人的帮助，最终实现战胜敌人的目的。

以上这些道理，值得我们每一个人好好学习。我们要从小确定伟大理想，树立正确目标，同时要不断学习，充实自己，掌握过硬的本领。无论是生活还是学习，我们都要坚定信念，有始有终，不能遇到困难就放弃。众人拾柴火焰高，一个人不能只知道“个人英雄主义”，而是要团结身边的人，打造志同道合的团队，形成合力，在遇到靠自身力量或所在团队力量难以完成的事情时，要学会向第三方求助，比如老师、家长、其他专业人士、互联网等。

作者学校：上海市实验小学

读《弟子规》有感

胡自奋

中华文化博大精深，经典历史渊远流长。中华民族的传统美德既是我们的优秀道德遗产，也是我们的经典文化，它标志着中华民族的“形”和“魂”。

还记得上幼儿园时，我就开始学习《弟子规》。这本书中我印象最深刻的就是这句“亲爱我，孝何难；亲憎我，孝方贤”。看到这句话，大家一定会想起“王祥卧冰”的故事，王祥对待不爱他的继母，尚能如此大度，甚至卧冰捕鱼为母治病，这种孝顺父母的行为多么让人钦佩！

古时候的王祥让我感动，现阶段仍然不乏这样的例子。

前些天，我看过这样一段励志视频，一位失去双臂的大姐姐，身着红色的衣裙，微笑着为我们讲述她的故事。原来在她小的时候，妈妈由于患有精神病，有一次，把家里给点燃了。家被妈妈烧了不算，还害她在大火中失去了双臂，差点连命也没保住。然而她并没有因为自身的残缺而放弃自己。没有学校肯收她，她就在教室外听课，无书可读，她就自学。她不仅照样优秀，而且把妈妈照顾得很好！很多次，当妈妈清醒的时候，妈妈很内疚地问她：“孩子，你怨妈妈吗？”然而她坚定地对妈妈说：“妈妈，我不怨您！没有您，哪来的我？”这些话多么让人心痛！其实，如果不是有这样一位妈妈，她会过得更好，飞得更高！然而，她却说：“妈妈给了我生命，我没有任何理由怪妈妈，我能做的就是对妈妈更好一点！”这就是我们所说的孝顺，而这位姐姐用她的实际行动向我们诠释了这两个字的意义！

其实，我们每个人都应该爱自己的父母。他们为了我们能有更好的生活条件，能有更好的学习环境，辛苦地工作着，对我们无微不至地照顾着，然而我们是否已经习以为常了呢？有些孩子为了满足自己的虚荣心，甚至对父母百般挑剔，将自己的父母与别人的父母相对比。然而能力有大小，在你攀比的时候，你可曾想过，你已经深深地伤害了他们。他们不仅给予你生命，还把最好的给了你，请问你又回报父母什么了？

孟子曾说："永言孝思，思孝惟则。"所以，孝顺从古到今，都是我们中华民族的传统美德，我们一定要将它传承并发扬下去。

作者学校：上海市文达学校

读《提醒幸福》有感

孙沐阳

人们渴望幸福，却往往身处幸福之中却感受不到幸福，发现不了幸福，更不会珍惜幸福。2018 年暑假我看了毕淑敏的一本书——《提醒幸福》。这本书通过讲述生活中一些最平凡的事件来提醒我们什么是幸福，告诉我们怎样去享受幸福。

书里给我印象最深的是这样一个故事——《不会变形的金刚》。故事中儿子非常想要一个变形金刚，母亲用本应用来买毛线的钱给儿子买了一个小变形金刚，在同学互相交换玩具玩时，小胖玩坏了儿子的“威震天”，儿子很善良，原谅了小胖；可儿子却又弄坏了别人的变形金刚，别人要求赔偿。这给他们本就不是很富裕的家庭又压上了一个沉重的担子，也让儿子对自己产生了怀疑。儿子不知道自己的善良、自己的原谅是不是正确。

这让我想起发生在我身上的一件事。有一次我们同学之间交换着玩敢达模型，张明向我借了我最喜欢的空战强袭敢达，而我借了李壮的 Z 敢达来玩。马上要到换回的期限了，一天晚上，张明独自找到我，说我的敢达被他玩坏了，我一时间怒发冲冠，那可是我最喜欢的敢达啊！可我看到张明的眼神，我知道他也不是故意弄坏的，于是我对他说：“没关系的，我看看能不能修好。”可是谁知道当我发现 Z 敢达的一只手不知道什么时候被弄断了，我用尽了所有办法也接不回来，并告诉李壮时，他却要我赔一个给他。当时我心里难受极了，为什么我可以选择原谅别人，而别人不会同样原谅我呢？这个时候，妈妈帮我赔偿了李壮的玩具，她看到我满腹委屈，就对我说：“善良是不能用金钱来衡量的，妈妈认为你做得对！妈妈希望你能一直保持善良的本性，你会感受到善良带来的幸福！”

书中的妈妈也和我的妈妈一样，希望自己的孩子能保持善良，感受幸福。我们要更加珍惜幸福的每一刻，我们每一个人都要乐观地面对生活。这样的话，我们的生活才会变得更多彩，世界才会变得更美丽，幸福也才会长久地陪伴在我们的身旁。

作者学校：上海市杨浦区杭州路第一小学

明月诉当年

——读《明朝那些事儿》有感

杨晓军

秋日午后的风从半开的窗口探出，勾起了书的页脚，邀它共舞，卷上淡淡的墨香就在空气中散开，骚人手中的狼毫饱蘸了墨汁一笔一画勾勒出雕梁画栋的殿，张牙舞爪的袍，性格迥异的人和烁金的口，一个绘声绘色的明朝跨越了绿了芭蕉的时光、透过了试图湮没它的尘土，跃然于我面前的卷上。

“马渡江头苜蓿香，片云片雨渡潇湘。东风吹醒英雄梦，不是咸阳是洛阳。”那是潇湘河畔少年意气的人的叹，美梦初醒，方知大业未成。东风悄然拂过琉璃瓦的殿，金座背后是张扬的龙，少年人终成霸业，权如明星荧荧，晃了他的眼，迷了他的心，金座下蜿蜒着被滥杀的功臣的血和泪，悠悠明月映上殿前阶，凉胜雪。

烈日当空，蓬头垢面的青年人披着大氅在火炉前烤火，隐于暗处的人匆匆写下密函，朱棣已疯，高座上端坐的帝王起了妇人之仁，放他生路。一年后，战马卷起黄尘滚滚，叔侄兵戎相见，追悔莫及的帝王一把火烧去了自己的踪迹，战马上的人黄袍加身，终不负当年忍辱，皎皎明月勾勒座上人，亮如锋。

青烟环绕着奇峻的山，衣衫褴褛的他拄着竹杖拾级而上，他已被强盗洗劫一空身无分文，但他依然步伐坚定地向上攀登，仿若山顶有着至宝，他灰暗的颜色被眼中的神色打亮。破败的屋落，褴褛的他在破旧的榻上苟延残喘，他浑浊的眼里闪着少年人的光，气息奄奄却字字铿锵。

“汉代的张骞，唐代的玄奘，元代的耶律楚材，他们都曾游历天下，然而，他们都是接受了皇帝的命令，受命前往四方。

我只是个平民，没有受命，只是穿着布衣，拿着拐杖，穿着草鞋，凭借自己，游历天下，故虽死，无憾。”

璨璨明月透过窗格爬上手中书卷，我合上书，兴叹不过千古繁华一梦尔尔，然人各有志，朱元璋、朱棣终其一生所为“活”字，徐霞客所为“游”字，而我，所为何字？

作者学校：上海市嘉定区徐行小学

读书给了我视野

——《独龙花开》读后感

倪诗涵

“放暑假啦——”同学们都欢呼雀跃。可是对我这个身处东海之滨的小孩子来说，暑假是快乐而又无聊的。快乐，是因为我可以自由安排自己的时间；无聊，是因为爸爸妈妈都要上班，我一个人玩，真没劲！班主任似乎看出了我的心思，给了我一本书，说：“无聊时，看看书吧。”我如获至宝。

这是一本厚厚的书，足足有我的铅笔盒那么厚。封面右上角有一个跟我差不多大的小朋友，他专注地看着前方，在他的手下面有书，似乎他在认真地听老师讲课。奇怪的是，小朋友脚下有一条狗。上学，能带狗一起上吗？封面左上角有一个人在滑铁索，他要去哪？干什么？封面左下角“独龙花开”四个黑色字映入我的眼帘：“独龙”是一条孤单的龙吗？“花开”？龙怎么能开花啊？再仔细一看，右边有一行小字——“我们的民族小学”。这条龙跟民族小学有什么关系呢？我的脑海里出现了无数个奇奇怪怪的问题，同时一个声音告诉我：“读书吧，书里的文字会告诉你一切。”

通过读书，我为我原先可笑的想法而哑然失笑，更是被书中的景物、人物和动物所吸引。于是我天天看，日日读。读书成了我暑假里的最大乐趣。我的情感随着故事的变化而变化，时而快乐，时而惊讶，时而感动……

这本书从独龙族第一个识字少年孔志清写起，从孔志清拜在孔子牌位之前、得赐汉语名字写起，写到新一代独龙孩子“小小梦之队”融入六朝古都西安，参加现代化的“姚基金”篮球竞技比赛……我读着读着，感觉自己从古代穿越到现代，经历了一个梦幻之旅。我惊讶他们还用草绳结节来计数，也惊叹小学生每天跋山涉水、滑铁索的上学之路。

这所民族小学虽然古老却很美丽。我感受到小学生在这所学校学习、生活得非常幸福、快乐。他们非常喜欢他们的学校，喜欢他们的老师、同学，还有那些可爱的动物和学校的一草一木。学校自然环境非常好，古老的铜钟摇摇晃晃地挂在大青树粗壮的枝干上，茂盛的植物使空气十分清新。那儿有许多少数民族学生，有许多我从来没有了解过的民族服装、语言和习惯，内容十分有趣……

我明白了：我们的祖国是个大家庭，有五十六个民族。独龙是一个少数民族，是祖国大家庭里的一员。在这本书里，我感到学校像个温暖的家。独龙族这样的民族在祖国怀抱里，像一朵正在开放的花一样，越开越美丽。这是读书给我带来的知识。读书，开阔了我的视野。

作者学校：上海市浦东新区老港小学

走近唐诗

吴金澍

2018年暑假，我在妈妈的引导下第一次系统地学习唐诗。走近唐诗，我仿佛看到一个无比辉煌的大唐帝国在心中渐行渐远，仿佛感受到初盛唐诗人的高瞻远瞩和凌云壮志、中唐诗人怀古咏史寄托对国家中兴的希望、晚唐诗人的情怀压抑和抑郁悲凉。我无数次被诗歌真挚的感情打动，被它们的魅力感动得不能自已。

你看，初唐诗人气宇轩昂又充满进取之心。王勃写下“海内存知己，天涯若比邻”。杨炯写下“宁为百夫长，不做一书生”。不仅如此，初唐诗人对宇宙和时间也充满了哲学思考，张若虚写下“江畔何人初见月？江月何年初照人？人生代代无穷已，江月年年只相似”。一千多年前初唐的那个时代，充满梦想和思考。

盛唐诗人豪迈又充满自信。我最爱的就是李白了。韩愈也说过：“李杜文章在，光芒万丈长。”诗仙李白浪漫又充满想象力，“危楼高百尺，手可摘星辰”“飞流直下三千尺，疑是银河落九天”“君不见高堂明镜悲白发，朝如青丝暮成雪”“长风破浪会有时，直挂云帆济沧海”。李白的诗浑然天成，就像是他口中吐出的一口仙气。读罢，我只想与他一起以梦为马，仗剑天涯。当然，盛唐了不起的诗人数不胜数，诗中有画的山水田园诗人王维写下“明月松间照，清泉石上流”“日落江湖白，潮来天地青”。七绝圣手王昌龄写下边塞诗“秦时明月汉时关，万里长征人未还”。盛唐，华丽灿烂令人向往。

中唐诗人是沉重的，是寂寞的。譬如杜甫。安史之乱以后，他写下三吏三别，道尽了人间的辛酸。《茅屋为秋风所破歌》让我一读就想落泪，不禁感叹："战争太可怕了，国安才能家安！"韦应物的"春潮带雨晚来急，野渡无人舟自横"、李贺的"黑云压城城欲摧，甲光向日金鳞开"都像在倾诉那个时代的悲凉与冷漠。

晚唐诗人，压抑又绝望。似乎没有人在诗文中提到对社会的梦想和希望，更多的是感慨、讽刺和对现实世界的逃避。李商隐的"夕阳无限好，只是近黄昏"、杜牧的"长空澹澹孤鸟没，万古销沉向此中""商女不知亡国恨，隔江犹唱后庭花"都在告诉我们，晚唐犹如一艘破败的帆船，在风雨中苦苦支撑。

写到这里，我的心情久久不能平静。唐朝二百九十年，就在这唐诗当中。我不禁又想起张若虚的那句"不知江月待何人，但见长江送流水"。我诚挚邀请你们跟我一起走近唐诗，去体会、去感动。

作者学校：上海市浦东新区新世界实验小学

那些陪伴我长大的古诗

蒋韵晗

上学前，我就会摇头晃脑地背诵妈妈教的古诗——“离离原上草，一岁一枯荣。野火烧不尽，春风吹又生”“床前明月光，疑是地上霜。举头望明月，低头思故乡”。那时候我大字还不认得一个，却背得一字不差，韵味十足！每到那个时候，总会赢来大人们的啧啧称赞。我的心里像喝了蜜一样甜，至于这些古诗都讲了些什么，我其实一点也不懂。

渐渐长大上了小学，老师教给了我更多的古诗——《锄禾》《春晓》《绝句》……我也慢慢开始懂得以前被我背得滚瓜烂熟的那些古诗到底是什么意思。诵《锄禾》，让我每次吃饭都小心翼翼，把每一颗小饭粒都送进嘴巴，不让它黏在碗上或掉在地上。吟《春晓》，让我仿佛听见春天里啁啾的鸟语，看见满地的落红，有时竟然也会心生伤感。

最爱读《绝句》，你看阳光普照，水碧山青，草木复苏，万象更新。清风拂面，送来百花的芳香，带来春草的清新。河滩上，溪岸边，冰雪融尽，泥土潮湿而松软，燕子轻盈地飞来飞去，衔泥筑巢，呢呢喃喃。水暖沙温，美丽多情的鸳鸯相依相偎，恬然静睡，十分娇慵可爱。一动一静，相映成趣，这一切全沐浴在煦暖的阳光下，和谐而优美。

“爆竹声中一岁除，春风送暖入屠苏。千门万户曈曈日，总把新桃换旧符。”每当除夕来临，浓浓的年味便弥漫开来。大红的灯笼高高挂起，红红的春联贴满门窗两旁。在热闹欢腾、万象更新、充满中国年味的新年，我会情不自禁地吟上王安石的《元日》。那真是“熟读唐诗三百首，不会作诗也会吟”。

随着年龄的增长，积累的知识越来越多，我爱上了古诗，我会学着像老师一样在古诗的无限想象空间里寻找美。小学高年级，我学会了赏析。每次读到描绘四季的诗，那些美得醉人的诗句就会深深地烙在我的脑海中——《忆江南》，“日出江花红胜火，春来江水绿如蓝”；《晓出净慈寺送林子方》，“接天莲叶无穷碧，映日荷花别样红”；《山行》，“停车坐爱枫林晚，霜叶红于二月花”；《江雪》，“孤舟蓑笠翁，独钓寒江雪”。经典的用字，呈现在我眼前的就是一幅幅美丽的画。

妈妈说，古诗让我越来越聪明，越来越懂事了。现在诵读《长歌行》，我会有更多的感受：光阴如流水，一去不再回。这首诗由眼前青春美景想到人生易逝，鼓励青年人要珍惜时光，出言警策，催人奋起。在春天的阳光雨露之下，万物都在争相努力生长。何以如此？因为它们都恐怕秋天很快到来，它们深知秋风凋零百草的道理。大自然的生命节奏如此，人生又何尝不是这样？一个人如果不趁着大好时光努力奋斗，白白浪费青春，等到年老时后悔也来不及了。

感谢那些美不胜收的古诗，一路陪伴我长大——或带给我温暖的回忆，或带给我美的享受，或让我渐渐明白许多人生的哲理。

作者学校：上海市金山区松隐小学

愿天下孩子都有一个幸福童年

——《天边的孩子》观后感

钟睿思

这世上的每一个孩子都希望，爸爸妈妈能永远陪伴在自己身边，因为幸福就是团团圆圆，幸福就是一家人温暖守候。

前不久，在学校的组织下，我和同学们一起观看了《天边的孩子》这部影片。故事中，女演员为了拍摄 MV 来到远离城市的小山村——天堂村，结识了天堂村小学的伟强老师和故事中的另一女主角——留守女孩花花，还有老村长——一个不太会说话的倔脾气老头。

生活在城市里的我们，如果不是观看了这么一部影片，很难懂得故事中的花花，天天眼巴巴盼着爸爸妈妈的来信，脚下生风追着邮递员叔叔，不顾脚下的山路一脚高一脚低，摔倒了继续爬起来一刻也不犹豫，那种想爸爸妈妈都快想疯了的感觉。又聋又哑的她不知道，在城市里打工的爸爸妈妈哪有什么信给她，全是善良的伟强老师代笔，编织的一个个美丽的谎言。

后来在女演员的帮助下，花花来到城市里，见到了在工地打工的爸爸妈妈，她明白了爸爸的辛苦，也明白了妈妈的无奈。早一步来到城市里的同学在街头帮爸爸妈妈发传单，与其说帮着爸爸妈妈分担一部分工作，不如说为了可以和爸爸妈妈一起留在城市里无奈的选择罢了。我在想，花花那么想念爸爸妈妈，为什么不像他们一样也和父母守在一块儿呢？也许是因为她天生又聋又哑，这是爸爸妈妈对她的另一种保护吧。城市里车来车往，对一个聋哑孩子来说确实多了一份危险，这何尝不是花花父母又一个无奈的选择。

故事的结尾，MV 首映地点选在了天堂村，所有的爸爸妈妈和孩子们都回来了，天堂村小学的操场热闹起来，那一刻，他们在大屏幕上见到了自己、见到了爸爸妈妈、见到了孩子……大家的脸上洋溢着幸福的笑容，那是终于能团聚在一起的欢乐，由心而发。但是我的脸上，却分明有热泪在流淌……

幸福是什么？是生病时有人照顾；是孤独时有人陪伴；是消沉时有人打气；是骄傲、得意忘形的时候，有人给你提醒；是无论你有钱没钱，无论你生老病死，无论你得意还是失落，总有人一起分享一起面对。

如果不用分开，谁愿意整日里因分离而思念？如果有选择，谁家的爸爸妈妈愿意舍弃孩子，飘在异乡的城市里？如果可以，又有哪一个孩子愿意离开爸爸妈妈的怀抱……

每个孩子都希望爸爸妈妈在身边快快乐乐，都希望朋友们在身边嘘寒问暖，也都希望有一个温馨的大家庭，一家人在身边陪伴、关心。因为没有什么比家更温暖，没有什么比亲情更珍贵。亲情是一面帆，让我们破海渡洋；亲情是一座楼，为我们挡住寒风；亲情是不灭的焰火，我们的人生被它照亮！

愿天下孩子都能如愿，和爸爸妈妈守在一起，永不分开；愿天下孩子都能拥有一个完整的家，团圆美满；愿天下孩子都有一个幸福的童年，都有一个美好的未来！

作者学校：上海市奉贤区教育学院附属实验小学

妈妈和我的祖国

王　璟

爸爸的祖国是中国，妈妈的祖国是韩国，我的祖国是中国。我们幸福的一家人落户在上海的崇明岛。我在祖国的红旗下长大，在汉语的熏陶下学习祖国的文化知识，祖国指引我成长。

春节的时候，爸爸妈妈带我去韩国陪外公外婆过年，这让我见识到了不一样的过年气氛。年三十的晚上韩国也吃年夜饭，韩国外婆准备的年夜饭非常丰盛。外婆说，一定要吃五谷饭，五谷饭寓意着平安、健康。初一早上，我们换上了韩国的民族服装给外公外婆拜年，外公外婆给我压岁钱的时候，我发现韩国外公用的是白色信封。而我们中国人习惯用红色信封来包新年的红包。红色象征着红红火火，我想念中国的红包了，小伙伴们都在收集大红色的红包准备做元宵节的红灯呢。比起外公给我的白色信封，我更喜欢中国的爷爷奶奶给的大红包。

吃早饭时，妈妈给我盛了一碗圆圆的白色年糕，我问妈妈："为什么一定要吃年糕呢？"妈妈告诉我，韩国初一早上吃一碗年糕，象征着辞旧迎新。而迎接新的一年时，我们中国人喜欢放鞭炮、贴春联、吃饺子，过年非常热闹，我想知道崇明的小伙伴在干什么呢？下午外公在看报纸的时候，我在看我带着的《红旗飘飘引我成长》，那是老师给我的寒假阅读材料。我读得很认真，外公也静静地读着。读完我的书，外公还没有看完报纸。用韩语写成的文字是怎么样的？我好奇地跑过去看了一下韩国报纸，韩国的文字当中竟然夹杂着很多中文字。我问外公，外公告诉我，几百年前，韩国是没有文字的，后来才开始陆续借用中国的汉字，所以韩语文字与我们中国汉字有着密切的关系。外公还说，汉字是韩文的母体。我心想：原来我们中国人的祖先这么伟大呀！

虽然来韩国拜访外公外婆只有短短几天，却让我领略到了中韩许多不同的文化和习俗。几天后我就要回去上学了，回到祖国的怀抱里，回到我们中国，幸福地生活着，快乐地学习和成长着。我想着《红旗飘飘引我成长》中的那些故事和人物，我知道中国的文化影响力是巨大的，早在唐朝中国的文化就影响了妈妈的祖国，我相信现在我们强大的中华民族，还会把优良传统传播得更远，影响力也是全世界最大的。妈妈从韩国来，她也和我一样深深热爱着中国，热爱着这个平安、美丽、幸福、富有的中国。我在中国的阳光下快乐成长。

作者学校：上海市崇明区裕安小学

我最喜欢的一个汉字

◎沈嘉婕

在中华民族博大精深的文化中，汉字承载着历史，为我们留下了五千年民族灿烂的足迹。汉字也是一种艺术，从甲骨文到小篆、隶书、楷书……无不凝聚着中华民族的智慧和才干。汉字的美在各种书法作品中完整、淋漓尽致地表现出来。在一撇一捺间，有的飘飘欲仙，有的雄壮有力，有的形体工整。在数以万计的汉字中，我最喜欢的是“路”字。

“路”字结构十分简单，左边是一个“足”字，右边则是一个“各”字。“路”字告诉我们，条条道路通罗马。路就在我们的脚下，每个人都要走好脚下之路。

那我们该如何走好脚下之路呢？

首先，要脚踏实地走好脚下之路。司马光每天早早地起床读书，几十年如一日，一步一个脚印，坚持不懈，终于成为一个学识渊博的大文豪，写出了《资治通鉴》。万丈高楼平地起，在通往成功的路上，一步一个脚印走，就是为了打好基础，这样路才能走得稳，走得长。

其次，在脚踏实地走好脚下之路的同时，还要开动脑筋，学会走捷径。在很久以前的一堂数学课上，老师出了道题：1+2+3……100=？同学们拿起笔，纷纷在草稿纸上开始算。有一个男孩却没有动笔，他双眼紧盯题目，很快发现了规律。他发现 1 加上 100 等于 101，这样的数能够配成 50 对。他立即报出了答案 5050。老师惊讶地看着他，而这时，别的同学还在埋头苦算呢！这个男孩就是高斯，长大后他成为一名数学家。

在人生的道路上，我们常常会遇到各种困难和他人的不理解。这时候你必须具备“走自己的路，让别人去说吧”那种精神。齐白石爷爷早年的画风，并没有得到画坛同行的认可，但他没有放弃自己的风格，坚持按照自己的想法来创作，最终成为一代画师。

路漫漫其修远兮，吾将上下而求索。我喜欢“路”字，因为它告诉我，学会脚踏实地走路，学会走捷径，坚持走自己的路，脚下之路才会越走越稳，越走越宽，越走越精彩。

作者学校：上海市黄浦区报童小学

内蒙古游记

成珏彤

2018 年暑假，爸爸妈妈带我去草原英雄成吉思汗的故乡——内蒙古游玩。在飞机上，我就想象着“风吹草低见牛羊”的草原景象，想象着黄沙万里的沙漠景象。我仿佛听见激越的马头琴回响在天空。站在雄鸡的鸡冠上向西望，让我心生向往。

第一天傍晚，我们抵达美丽的鄂尔多斯。这里天空清澈，云层很低，低得好像可以随手摘下那朵朵洁白的棉花。第二天我们参观了成吉思汗陵（以下简称成陵）。到了成陵，我们看到开阔的广场和巨大的雕像，感觉气壮山河，仿佛置身于一个有着千军万马的战场。关于成陵有很多神秘而古老的传说，其中一个与鄂尔多斯的由来有关，在蒙语中鄂尔多斯是“诸多宫殿”的意思，一代英雄就埋葬在此。

从成陵走出来不久，茫茫草原就映入眼帘。天是那么蓝，草是那么绿，远处的蒙古包星星点点，马儿在草场悠闲地散步，比仙境还美！到了草原，怎能不骑马驰骋呢？于是，我和爸爸兴致勃勃地跑到马场，挑了一匹骏马。我和爸爸骑在马上。起先，我既紧张又好奇，坐在颠簸马背上一动都不敢动，骑了一会儿，慢慢有了感觉，渐渐就放松了，觉得越来越有趣。

内蒙古地域辽阔，不仅有草原，还有茫茫无边的沙漠呢。那天，我们到了响沙湾，这边的沙漠浩瀚无边，天和地仿佛连成了一片。听，远处传来悠扬的驼铃声，哇！是沙漠之舟——骆驼队来了。骆驼身材高大威武、性情温和，“她”是跪下来让我骑在身上的，等我坐稳后便一跃而起。我被升到了半空中，视野顿时开阔了，居高临下的感觉可真好呀。此时，落日的余晖洒满金色的沙漠，天边的晚霞像是被火烧着了似的，绚丽多彩。人在苍茫的天地间仿佛和沙子一样渺小。在这里待久了，有种乐不思蜀的感觉。

这次内蒙古之行，让我感受到了祖国的幅员辽阔、地大物博、风光绮丽。我爱内蒙古的茫茫草原和无边沙漠，我为自己是个中国人而骄傲。

作者学校：上海市徐汇区上海小学

我爱你，春雨

陈志壹

春天，在冬天那鹅毛大雪中显得那样遥不可及，就像那个永远不会到来的明天。

但是，春天还是来了，来得悄无声息。只有当那温润的春雨落在你头上、衣服上，打断你思绪的时候，你才会发觉春天的来临。

春雨落下来了。像断了线的珠子一般的春雨，像地球母亲乳汁一般的春雨，像来自仙界甘露一般的春雨，轻轻地随风飘来，滋润着世间万物。

春天的雨，让大自然焕发出勃勃生机。河水开始缓缓流淌，鱼儿在水中欢快地游弋。大地充满了活力。公园里，小草从地底探出头来，换上了崭新的绿衣；河岸边，柳树在春风中摇摆着它柔软的枝条，仿佛在向春姑娘挥手致意；天空中，小鸟们叽叽喳喳叫个不停，好像在演唱一首春天交响曲。

我爱春雨，尤其爱家乡的春雨。我的家乡在济南。这个城市由于老舍先生的名作《济南的冬天》而闻名中外。在老舍先生笔下，济南的冬天是温暖、美丽的。其实，济南的春天同样是温婉、动人的。济南的冬天不太冷，一场雨过后，春天就在不知不觉中到来了。就像济南的冬天很少下大雪一样，济南的春雨也总是轻轻的、柔柔的，像朱自清先生描绘的那样，"像牛毛，像花针，像细丝，密密地斜织着"。在如丝如烟的春雨中，济南人是不用打伞的。春雨落在人们的头上、身上，像母亲的手轻轻地抚摸着游子，让人变得平静而从容。

雨滴落在济南老城的青石板路上，慢慢地渗入石板缝隙里，从四面八方汇聚到地下河中，公园里、庭院中的泉眼里汩汩流出的泉水中不时闪现出它们轻盈的身影。仿佛怕惊扰了水中的鱼儿，雨滴静静地落在大明湖上，镜子般的湖面泛起阵阵涟漪。虽还未到荷花绽放的季节，但荷叶已在水中亭亭玉立，雨珠像淘气的孩子一样在荷叶上翻来滚去，荷叶则像慈爱的母亲一样始终将雨珠拢在怀中。在蒙蒙烟雨中，大明湖的亭台楼阁若隐若现，多像一幅水墨丹青啊！站在千佛山上，远望春雨中群山环抱、碧水绕城的济南，就像看到了一位温婉秀丽的江南女子款款走来。

我爱你，家乡！我爱你，春雨！

作者学校：上海市长宁区愚园路第一小学

永远说不完的故事

谢知蓉

我是一个土生土长的上海小姑娘。可是要说起上海文化，我最了解的还是上海的弄堂文化。因为我的太婆、外婆、妈妈都是在弄堂里长大的，她们只要一提到弄堂，就有说不完的故事……

我的太婆和妈妈最爱聊弄堂里的乘凉大军。她们当年可都是这大军中的主力队员。每天晚饭后太婆就拿起一把大蒲扇，一把竹躺椅，在自家屋门口怡然自得地乘凉，弄堂里凉风习习，不一会儿太婆就睡眼蒙眬，打起盹来。而妈妈则在弄堂里和小伙伴们追逐嬉戏。她们经常捉迷藏、跳橡皮筋、跳房子、过家家；有时也会看男孩子打弹子、刮香烟牌子、斗蛐蛐。弄堂里还有卖小吃点心的摊子，形形色色的叫卖声在弄堂中回荡，妈妈总会用零花钱买上自己爱吃的，和小伙伴们一起边吃边玩。而弄堂里的大人则爱打扑克牌，下象棋，“嘎讪胡”，整条弄堂仿佛就是大家的“起居室”。每每妈妈说到这，我就非常羡慕她有这么多小伙伴可以一起玩耍，还有这么多有意思的游戏。而我现在的小区里，同龄的孩子大多数一放学就呆在自己的家中，于是我总吵着要住弄堂房子。

这一提，就把外婆的话匣子打开了：“你怎么想也想不到我们以前的住房条件有多艰苦，三十多平方米的房子住了祖孙三代人。洗澡没有淋浴器，要用大浴盆；烧菜没有独用的厨房间，要在公用灶片间里烧，更没有脱排油烟机，灶片间里的墙壁和窗户上都积着厚厚的油渍；最痛苦的是没有抽水马桶，只能用木制马桶，然后倒到公共卫生间。和现在的住房条件比起来，那简直是一个地一个天。你可真是身在福中不知福啊！”

我不禁纳闷地问：“既然居住条件这么困难，你们为什么还总是念念不忘啊？”

外婆语重心长地告诉我：“那是因为弄堂里充满了浓浓的人情味，远亲不如近邻啊！以前一个单元里面住了好几户人家，大家相互照应，晚上睡觉都不用关门，住在里面就像住在一个超级大家庭里面。记得有一次你太公在家里突然头晕摔倒，敲开了头，顿时血流不止。那时我还小，可把我吓坏了，不知如何是好。还没等我求救，楼上楼下的邻居一听到动静，就赶来帮忙，力气大的叔叔立刻背起你太公就跑去医院了！你说，住在里面是不是特别有安全感和家庭感……”

我就是这样听着长辈们的弄堂故事长大的。我自己也对弄堂产生了深厚的感情，因为那里有着一种从单个家庭中无法得到的群体氛围和生活乐趣。如今的上海高楼林立，大家都住进了舒适的公寓房，但这曾经与千千万万上海市民的生活息息相关的弄堂，才是这个城市最迷人、最有特色的地方，必将永远扎根在每个上海人心中。

作者学校：上海市静安区闸北第二中心小学

我们引以为傲的中华美食文化

雕谌辰

我是一个对美食非常讲究的人，像我这样的人都有一个打心底里就难以启齿的外号——“吃货”。当然我们这种人既爱吃美食，也熟知各种美食文化。

北京的经典美食可能是中国第一了吧！其经典美食数不胜数、不计其数。不信你来听听——世界闻名的北京烤鸭、难以忘怀的炸酱面、垂涎三尺的爆肚、回味无穷的豆汁、富有食欲的炒肝、甜甜蜜蜜的糖葫芦串儿……看到这，你是不是头都晕了呢？是呀，北京的美食说都说不尽，数也数不清，这也是来自世界各地、源源不断的中外游客来北京的一大原因吧。

2018 年暑假，我有幸去了一次北京，享受了当地的经典美食，领略了老北京的风情。

一提到北京美食，大家第一个想到的肯定就是北京烤鸭。那金黄色、外焦里嫩、让人满嘴流油的鸭皮；还有那嫩嫩的、弹弹的、令人回味无穷的鸭肉。

烤鸭师傅切鸭子时娴熟无比的刀法，让人眼花缭乱。薄而锋利的刀片，一刀刀把鸭皮均匀地切下来，上面没有一点儿鸭肉，金黄色的光泽在灯光下显得格外耀眼。薄薄的鸭肉被师傅精心摆放在盘子上，显得更加诱人。鸭肉周围晶莹剔透，让人充满了食欲。烤鸭的皮要配上白糖才好吃，按照古代宫妃的说法，这样的烤鸭皮吃起来油而不腻，有助于保持好身材。而鸭肉一定要配上葱、黄瓜和特制的甜面酱。

我在北京红墙绿瓦的四合院里品味各种经典美食，享受北京人的自在生活，感受老北京的中华经典风情。

此外，在北京家家户户都吃一种经典美食——饺子。相传名医张仲景在长沙时，一直热心为老百姓治病，深受爱戴。那时候，当地流行风寒，到了冬天，张仲景和弟子们一直努力给人治病，可还是有很多人饥寒交迫，连耳朵都冻伤了。

张仲景想到了一个妙计，他用小刀把羊肉剁碎，与驱寒的药物一起熬煮，然后捞起来，用面皮包成耳朵的外形，称为娇耳。他把娇耳和热汤分发给病人，病人服用后，浑身发热，血液顺畅，不仅治好了病，也治好了冻伤的耳朵，一举两得。

自此，北京当地很多人从东至到大年三十都吃娇耳，也就是现在的饺子，以此来怀念一代神医——张仲景。这就是饺子的由来，你知道了吗？

当然，除了北京，其他地方也有很多经典美食——杭州的西湖醋鱼、四川的麻婆豆腐、天津的狗不理包子、南翔的小笼……这还只是九牛一毛呢！

作者学校：上海市普陀区曹杨实验小学

三日足球夏令营

辛子嫣

这几天，我去参加了足球主题的全封闭式夏令营。虽然结束回家后，大家都夸我表现不错。但是有谁知道，我在夏令营期间可是经历了“三难”和“三喜”呢！

现在回想起来，这“三难”还仿佛就在眼前呢！

先来说说第一难：夏令营报到半小时后，老师就开始给我们分房间了。唉呀，宿舍楼里居然没有电梯，而我们女生却住在五楼。而且其他营员最少都是三四人一个房间，而我分到的宿舍居然只有我和另一位同学同住，因此，整个宿舍楼就我们 332 号房间最安静，太冷清啦！

再来说说第二难：在我们摆好行李后，老师马上就拉着我们去了大操场。可那时大操场上可是 40℃的高温天啊！刹那间，我们大家都像热锅上的蚂蚁一样团团转，最后大家一致逃离操场到了阴凉的树荫下。

转眼就是第三难：回到宿舍午休时，老师说：“三个小时午休！”可是我压根儿没有想要午睡的打算，只能靠看书打发时间。出门时我只带了两本书，45 分钟就看完了。我再看了两遍，又只过了一个小时。幸好我的舍友也带了几本书，我们交换着看，终于熬过了午休的三个小时。

现在再来说说我经历的“三喜”吧！

第一喜：老师让我们晚上九点半熄灯就寝，而我们因为第一次离开家和小伙伴们住在一起，兴奋得根本睡不着。于是我和舍友在熄灯后聊起了天，聊着聊着感触很多，不知不觉就过了十五分钟，大家关系近了很多。

第二喜：入住宿舍的第二天，一大早舍友就把我叫醒。我问舍友现在几点了，她说六点整。我当时觉得很奇怪：不是七点半起床的吗？我问她为什么这么早叫我起床，她说："早起床我们可以在训练之前好好玩一玩呢！"我松了一口气说："好啊，我们可以在衣橱里补觉，记得拿上枕头啊！"哈哈，我终于实现了和电影故事里主人公一样睡衣橱的愿望啦！

第三喜：虽然说在夏令营期间有很多困难，但是我仍然积极努力地每天按时参加训练，按时完成老师交代的任务。终于，在隆重的闭营仪式上，老师宣布我获得了"优秀营员"称号。我还上台领了奖状呢！这是我此次夏令营最开心的事情了！

其实在参加这个夏令营之前，我心里还是非常忐忑不安的。因为这是我第一次离开家、离开爸爸妈妈完全自己独立地住寄宿宿舍。但是事实证明，夏令营还是很不错的，让我有很多收获，也让我成长了很多。

看来什么事情都要先尝试一番才能下结论啊！我觉得参加这次夏令营真是一次愉快的体验！

作者学校：上海市华东师范大学附属紫竹小学

一次生病　两种感受

张马一诺

上海，是生我养我的故乡，我热爱这座城市。当然我也想开一开眼界，于是，我们便在一个暑假来到了新加坡。

来到新加坡，映入眼帘的是路边耸立着的几株参天古树，树下长着郁郁葱葱的绿植，从路面到树叶上都一尘不染，这在上海是难以想象的，也是上海无法企及的。

但是，新加坡食物的卫生状况似乎不是那么好。很快，我就因为吃了生鱼片上吐下泻。大半夜，在酒店里，我肚子疼得死去活来，爸妈急得干瞪眼。问了酒店服务台我们才得知，如果要上当地医院看普通急诊，可能要等半个多月才能看上病。那怎么行？我可是一分钟也等不了啊！要是撑着不在当地看医生，回上海看病，我一定会昏迷过去。看着我难受的样子，没办法，爸妈只好咬咬牙，请了一个私人诊所的医生来看病。医生的医术挺高明的，态度也很好，但因为是私人的，所以价格很贵。不看不知道，一看吓一跳！两千五百元人民币！看了账单，我的心都在滴血……

第二天早上，我身体恢复了一些，按照医嘱，我需要喝粥。如果是在上海，吩咐酒店厨房做一份或者点份外卖就好了。可是新加坡却不一样，妈妈找了附近几家店和酒店楼下的大食代，都没有这样的服务。最后，聪明的妈妈灵光一现，把从上海带来的全麦饼干用开水泡开，成了软软的面糊糊，虽然卖相难看，可我还是靠着它撑回了上海！

终于到家了，爸妈带我去儿童医院复诊。虽然就诊的孩子很多，但是只要挂了号，耐心等等当天就能看到病，即便是专家号也只收几十元钱的挂号费。排队的时候，我饿了，妈妈掏出手机给我点了份外卖。不一会儿，穿着美团制服的外卖小哥就出现在门诊大厅，没多久，我就喝上了热腾腾的皮蛋瘦肉粥！那一刻，我都要感动哭了！外卖小哥的制服就像齐天大圣的虎皮裙一样金光闪闪，他踩着七彩祥云给我送来了粥！

现在，上海正变得越来越好，越来越适合居住。有句话说得好：你是什么样，你脚下的土地就是什么样。我想，到国外去看看就好了，最终我还是要留在上海，留在中国，把我脚下这片土地建设得更好！

作者学校：上海市宝山区罗南中心校

“侬好”“侬好”声声传

曹思媛

“侬好”“侬好”声声传。

“喂，侬好！侬好”“哈哈，赞额！赞额”。

可以说，我就是在这一声声糯糯的沪语问候声中泡大的土生土长的上海小囡，可是，让人难以置信的是我竟然一句沪语也搭不上。随着年龄增长，我的沪语水平却丝毫没有提高。虽然听力没有任何问题，但一开口就“洋泾浜”了，舌头硬得拐不过弯，语音语调好像外国人在学说上海话，陪长辈聊天的难度可想而知。

有一次，我竟然还闹出笑话来。我有个小姐姐叫“菁菁”，是我爸爸朋友的女儿，我不知道她的全名，向爸爸打听，爸爸用浦东话说小姐姐叫“朱玉菁”。我不由得张嘴大叫：“怎么会叫‘猪肉精’啊？”我把爸爸的浦东话直译成了普通话，简直不敢相信自己的耳朵。爸爸两眼也笑开了花：“侬真是只小戆大啊！迭个是宝玉的玉，不是吃的肉呀！”我恍然大悟，自己也笑翻了。菁菁姐其实也是一个地地道道的上海女孩，但由于从小说普通话，现在就不会说上海话了。我可不想步她的后尘。

现在我陪长辈聊天时会尽量用上海话，显得亲近些。每当我不自觉转入普通话频道，爸爸作为我的监督员就会及时敲木鱼提醒我。当遇到问题时，爸爸就当我的教官和翻译官，他说一遍，我学三遍。2017 年暑假，我还参加了社区的“学说上海话”活动。平时我还会看上海电视台的“阿庆讲故事”，听 FM103.7 的“学说上海话”，从中学习字正腔圆的上海话。还有一次，浦东的 799 路公交车，到

“五莲路菏泽路”时，我听到车上广播用上海话报站名时，把“荷”字读成了“he”音，我和爸爸讨论后认为在沪语中这个“荷”字应该读“wu”音，我们通过12345市民热线反映了这个问题，他们对我们热心关注、支持上海方言表示了赞扬和感谢，这让我对学好上海话有了更大的动力和热情。

甜甜的“喂，侬好！侬好”在越洋视频里，在电话两头，在大街小巷；柔柔的“喂，侬好！侬好”一句句问候，一句句叮咛，一句句畅谈；暖暖的“喂，侬好！侬好”与家人、与朋友、与各国友人，必将一代又一代相生相传……

作者学校：上海市浦东新区龚路中心小学

渔村寻“鱼”

高 瑨

渔村寻“鱼”！这是我参加的山阳镇组织的文化交流活动。说到渔村，它指的当然就是我家乡的金山嘴渔村，因为它是上海第一个也是最后一个渔村。

我们这些成员共被分为六组。和我一组的是三位分别来自韩国、加拿大、俄罗斯的姐姐。游戏规则是：哪组先拍到 15 张不同的“鱼”的照片，哪组就获胜。开始找喽！

来到渔村的入口，向前看，逐浪亭掩映着老街，好像在欢迎我们的到来。下了台阶，一条青石路向前蜿蜒。我们沿着这条青石路去寻“鱼”。可是，我发现寻“鱼”并不简单。我把一家渔民老宅从屋檐到墙壁到窗户到门到地上都观察了一遍，就是没有找到，我便想放弃了。我发牢骚道：“寻什么‘鱼’啊！一点都不好玩，太无聊了！”就在这时，我闻到了一阵香味，啊，那是我最喜欢的油墩子的味道！我不顾任务，循着香味跑到了“阿四油墩子”店。在等待香喷喷的油墩子时，我无意间抬头：“啊！‘鱼’！”那一条条挂着的“鱼”是售价牌。我欢呼道：“找到了，找到‘鱼’喽！”我们赶紧用手机拍了下来。

正当我们左顾右盼继续寻找的时候，突然听见一位姐姐激动地喊：“Here! Here!”原来头发金灿灿的俄罗斯姐姐发现一家客栈的大门是“鱼”的形状。我教她们说“yu”，她们说“wu”。“Not wu. It’s yu.”“yu.”“Very good!”我竖起大拇指表扬她们。她们可能担心会忘记，一路上一边寻找，一边嘴中不停地重复着“yu”。

不知不觉间，我们穿过了一条小巷，你猜，我们来到了什么地方？我们从青砖路来到了小桥流水边！站在栈桥上，向远处眺望，就能看到定波桥；向下看，就是波光粼粼的河水；一侧的墙上，画着渔民画，展示着他们的生活；栈道下面两侧的墙壁上，则雕刻着各种虾兵蟹将和不同类型的鱼。真美啊！咔嚓咔嚓！我们用手机拍下了这么多的“鱼”。

很快，我们的任务完成了。我们按原路返回到集合点——渔家茶室，小伙伴们已经在等我们啦。走进茶室，我就被书架上一条棕色的“鱼”吸引了。“咦，它是干什么用的呀？”我一边嘀咕着，一边拿下来。打开一看，原来是一张地图，它详细地介绍了渔村的游览景点。这样的地图，真是别具一格呀！在这里，我们也发现了许多渔民划船、捕鱼的工具，如船舵、船桨、鱼篓和渔网。这些工具以前是渔民的法宝，现在它们一个个都是美丽的装饰品。

渔村，不仅有美味的海鲜，还有这么多作为装饰品的“鱼”。“鱼”使渔村更具有“渔味”了！我很开心能把自己家乡的文化传播给外国的姐姐们，我希望她们能和我一样喜欢渔村，喜欢渔村的“渔味”！

作者学校：上海市金山区金山小学

校训伴我成长

赵艺轩

校训是什么？校训就是我们应该遵守的基本行为准则与道德规范，也是学校的灵魂。

第一次进入陈家镇小学的时候，我就看见了学校 3 号楼墙上的那 8 个大字——乐学、乐群、求实、求新。那时候的我还不知道什么是校训，现在我才知道什么是校训。我想，也许同学们对校训只是一念而过，而我却深有体会。

记得有一次期末考试的时候，因为我上一次模拟考成绩还不错，所以就有些飘飘然了，连最基本的考前复习工作都没做好。考试的那天终于来了，我信心满满地答完试卷，满怀希望地交了试卷。受了几天的煎熬，我一蹦一跳来到了学校，考试成绩却——惨不忍睹，我伤心极了。回到家我大哭了一场，妈妈也批评了我一顿，这时我才理解校训中“乐学”这个词语真正的含义。

是呀，校训像一座灯塔，指引我们前进的方向；校训又像一面明镜，照着它，我们能发现自己的不足，真正理解校训的内涵。让校训成为我们今后学习和工作的准则，一定会使我们在人生的道路上受益匪浅。让我们铭记校训，甘于平淡，追求卓越，为校园增光添彩。我爱校训，它将时刻铭记在我心！

作者学校：上海市崇明区陈家镇小学

初中组

《丁酉故事集》读后感

朱乐妍

在我眼中，小说就是一本厚厚的书籍，里面的主人公或男或女，都会有一段神奇的经历或者一段挫折的人生，最终拥有快乐的结局。但是在《丁酉故事集》中，却不是这样的。它没有冗长的故事，没有一开始读就知道的结局，而是如同一面镜子，让我们看清了自己。

《丁酉故事集》顾名思义，就是在丁酉年写的一本书，它其实可以分为五个小故事——《巴别尔没有离开天通苑》《缓刑》《势不可挡》《会游泳的溺水者》《如在水底，如在空中》。一开始我因为看到封面的白鸽以及别出心裁的封面设计从而对它产生了兴趣，后来因为学校的一次活动，我有了访谈这本书的作者——弋舟的机会，我便买了这本书。原本以为一个当代作家写的文字是我难以理解的，毕竟作家的经历与我的经历有所不同，但是，这本书离奇的故事以及情节中描绘得栩栩如生的人物却将我吸引住了。

五个小故事，分别有着不同的背景和人物。也许是第一个小故事的关系，也可能是因为我对猫比较感兴趣，这里面我印象最深的一个小故事就是《巴别尔没有离开天通苑》。

故事讲的是一对夫妻，原本在天通苑过着平凡的生活，因为妻子偷来了一只别人家的猫，而被迫离开天通苑，一路向着海边驶去。在逃离天通苑途中，这对夫妻将猫还给了失主，却最终决定不再回到天通苑，而是选择走向远方。

其实，在读到这对夫妻将猫还给失主时，我猜想的结局是：因为物归原主，所以这对夫妻又回到天通苑，过上了平凡的生活。但是，也许这就是故事的特别之处，作者在我翻到下一页时，给我来了个“急转弯”——这对夫妻还是选择离开。为什么？为什么他们要这样？平平安安、幸福地生活在天通苑不是一件很好的事情吗？我这样想着，翻到了结尾的一页：“我们就该更有勇气去过真正的生活。”“真正的生活”，我突然抓住了这个词语。我突然明白了什么，“真正的生活”，是自己努力并得到回报后开心幸福的生活。而在这个故事一开始，天通苑的房子是这对夫妻的朋友“赠送”给他们的，并不是他们自己劳动得来的产物，倒不如说这是运气。而现在，他们走向海边，在主人公的遐想之中，他们准备靠着自己的技能，自己劳动，然后生活下去。这，才是“真正的生活”啊。

在这本书中，每个小故事背后，都仿佛站着一个活生生的城市人，他们都在面对生活给予他们的挑战。在弋舟的笔下，他们一个个虽然平淡无奇，却鲜活无比，他们在日常生活中思考人生，并重新发现自我。在弋舟谈到“现代城市是什么样子”时，他说：“虽然城市有着很多的阴暗面，但还是有陆陆续续的人来到城市，可能这就是我们内心中还没有被抹杀掉的对城市的期待。”

城市的阴暗面有很多，生活会不断向你发出挑战，随时想击垮你，但是，如果我们能够看清自己，让自己前方的道路不再迷茫，或许我们就可以在名为人生的深海中，找到一个方向，一份坚持下去的勇气。有个读者曾经这样评价《丁酉故事集》：“这本书是一束光，让我看见了阴影中的自己。”但是我认为，这本书更是一面镜子，能让我更加看清自己，了解自己，让自己可以更好地面对生活给予我的挑战。

作者学校：上海市黄教院附属中山学校

《马克·吐温短篇小说选》读后感

杨志林

马克·吐温是一位善用幽默与讽刺的文学大师。《马克·吐温短篇小说选》第一篇收录的便是他的代表作《百万英镑》。

很久前我曾阅读过《百万英镑》，小说的语言与大致内容并不难理解。美国小伙亨利贫困潦倒之际，在伦敦偶遇两个富翁兄弟。他们因为一个赌约将一张面额为百万英镑的钞票借给亨利一个月，一个月后看亨利命运如何。最终美国小伙亨利不仅赚取了二十万美元，还获得了富翁女儿的芳心。

初读时我阅读量较少，只觉得这是一篇较为夸张的虚构小说，并未感到马克·吐温的作品有多么不凡。再读时我已经了解了作品大致内容，便着重品读小说中的人物细节。

裁缝店伙计因亨利着装破旧而恶毒讽刺，与亨利拿出百万英镑后，老板笑容短暂僵硬随即阿谀奉承的态度，形成了鲜明的对比。更值得注意的是，此后无论是裁缝店还是饭店，实际上都并未从亨利身上直接获利，亨利并未支付一分一文，但他们却仍不改谄媚的样子。似乎那一张面额为百万英镑的钞票并非只是一张大额钞票，金钱已然变成了身份与地位的象征。这凸显了当时英国社会近乎扭曲的拜金主义。

亨利发现自己因为这笔钱财提高了地位后，他的心也随之变化了。但他从根本上却并未改变依靠自己努力的本心。当富翁想要兑现赌约给予亨利工作职位时，亨利已经凭靠自己的努力赚取了第一桶金。亨利心高气傲地拒绝了富豪。这说明亨利在拥有可贵初心的同时，仍有常人的心态。最后，亨利恍然得知心上人正是富翁女儿后，悔言讨要“女婿”这一职位的场面又让人忍俊不禁。作者用夸张手法引入并不合理的剧情，却通过对细微处及笔下人物真实情感的描写，让读者信以为真，渐入佳境。

在小说选中阅读的优势也在此时凸显，我们不难发现作者笔下作品的特点。《败坏了赫德莱堡的人》和《三万元的遗产》，描写了在面对巨额金钱时人性的扭曲。《爱德华·密尔士和乔治·本顿的故事》中，处处以自我为中心屡屡犯错的乔治总会得到青睐，反讽了爱德华对自我的丧失，不由让人在如何平衡中深思。

纵观下来，幽默与讽刺融为一体，似乎正是马克·吐温多数小说的基本框架。讽刺并不意味着对社会一味不满报以怨念。我对《百万英镑》记忆深刻的原因之一便是，马克·吐温自身其实就是《百万英镑》的灵感来源，不过与亨利相反，家世平平的马克·吐温曾在白银股票中一举获利成为富翁，却因为社会动荡再次跌落尘埃，变回一个贫困的小伙，晚年更是痛失孩子。尽管如此，他却仍在《百万英镑》中通过文字将美好的一面带给读者。只会讲笑话的人算不上幽默，最多只是小丑。像马克·吐温这样通过幽默与讽刺，成为社会的一面镜子，给予人们警醒的人，才足以称得上幽默大师。

他诞生时哈雷彗星经过地球附近。科学家曾预言哈雷彗星即将再次回归，马克·吐温便预测自己多半要死了。马克·吐温在 1910 年 4 月 21 日逝世，正是哈雷彗星离开的后一晚。

这位伴随着哈雷彗星的大师，的的确确用笔下的文字在文学史上留下了璀璨的一笔。他的小说选，仿佛把我拉到了他的身边。

作者学校：上海市田林第三中学

渺小的存在，伟大的探索

——读《拥抱群星·与青少年一同走近天文学》有感

王李浙

2018年暑假，我阅读了《拥抱群星·与青少年一同走近天文学》一书，此书讲了天文学的历史与现状、宇宙的神奇与奥妙。正如此书标题，阅读此书，我就像是在拥抱群星，感受宇宙的广阔与未知，欣赏苍穹的多彩与绚丽。

一、天文学的历史与现状

人类是地球上一个渺小的存在，地球是太阳系中一个渺小的存在，太阳系是银河系中一个渺小的存在，银河系是……就这样，无穷无尽地反复下去，没有止境。人类是宇宙的一个过客，是渺小的，却不是无知的。人类从拥有智慧开始，就埋下了探索茫茫宇宙的种子。

仰望苍穹，繁星点点，中国古人怀着好奇的态度在甲骨片上记录了一次流星雨。记录它的人当然不知道这是流星雨，可是他确实是人类天文学的始祖。之后的岁月中，人类各方面都有了“乡音无改鬓毛衰”的变更，对宇宙的探索却从未停止过。在时间的冲刷与战火的摧残后，天文学成为最古老的科学，而这则是因为人类为了求知而进行的不懈努力。

夜幕降临，仰望长空，一颗颗明亮晶莹的星星就像镶嵌在苍穹之上的明珠。5000多年前，在黄河流域，中国古人像现在的天文爱好者一样，观察着天上的繁星。他们发现一些星星连在一起会构成简单的图形，于是，他们将这一片片的星星称为“星座”，并为他们命名。就这样，数十个世纪过去了，国际天文学联合会讨论后，最终确定了现在的 88 个星座。那一个个形象的名字，那一个个由星星组成的生动图形，是人类观察的结果，更是人类天文学的一个个成就。后来，人类开始给星星命名，各种语言的融合，最终形成了国际通用的星表。那有宇宙群星的地图，宏伟之感自不必说。

科学在进步，时代在更替，人类的志向已不仅仅是为星星、星座命名和用肉眼观察宇宙，而是更深入细致地观测宇宙、探索宇宙。自伽利略发明了第一个正规的天文望远镜，天文观测迎来了三次重大飞跃。天文学家、工程师、物理学家，甚至是天文爱好者，都积极参与到了发展天文观测之中。电磁波望远镜、射电望远镜等新的观测望远镜的出现就是人类天文学发展的一个例子。

随着 20 世纪 50 年代空间时代的到来，宇宙观测到达了一个高峰期，折射望远镜、反射望远镜、折反射望远镜、巨型望远镜等现在常用观测望远镜被先后发明出来，随之出现了空间望远镜等创新杰作，甚至有科学家提出了月基望远镜的大胆创想！但是只要有信心，并为之努力，我相信，这也并不是不可能的。

人类的宇宙探索还在继续。人类发现了地球的“环绕速度”和“逃逸速度”，向宇宙发射出环绕地球的卫星和探索其他行星的宇宙探测器，还破天荒地向月球发射载人飞船，先后共有 6 批 12 位航天员走上了月球。科学还在发展，我相信，有朝一日，人类一定能将探测器送出太阳系，探测广阔的宇宙和其他星系，并将人类送上火星，甚至更加遥远的行星！

当然，在人类天文学的发展过程中，必定会有一些负能量。此书中就提到了一个影响力非常大的怪诞事件。一个叫伊曼纽尔·维里科夫斯基的人提出了一个理论，认为金星是木星抛出的一颗彗星，并延伸出很多事件。在对天文界造成很大影响之后，他的这个理论最终被天文学家卡尔·萨根否认。这个事件虽然已经平息了，可是这些天文学家不屑一顾的天方夜谭却影响了许许多多的业余天文爱好者。希望我们这些业余天文爱好者不要听信伪科学，天文学是非常有趣、充满奥妙的。罕见天象魅力无穷，我们要相信科学，用科学战胜怪诞！

二、宇宙的神奇与奥妙

宇宙变化多端，行星、恒星，都有各自的奥妙之处。宇宙是广阔、无边无际的，不同的星系形状各异，多姿多彩，变化万千。宇宙是一个复杂的存在，它有无数的科学定理。我们现在的科学定理还不够完善，我们的知识太少了，还解释不了这些。我们要做的就是发展自己，探索更多的科学定理，知识是永无止境的！

我们生活的太阳系是银河系中一个普通的星系，它有 8 个行星，还有冥王星、谷神星、鸟神星等 5 颗矮行星。我也是一个业余天文爱好者，可此书却告诉了我一些连我也不知道的内容：太阳系是一个行星众多的星系，在柯伊伯带中还有几十颗像冥王星这般的矮行星。这让我很惊讶，看来，太阳系是一个庞大的星系啊！

太阳系很庞大，但太阳却只能算是中等亮度、中等大小的恒星。在我们已知的恒星中，像天狼星这种比太阳大很多的恒星数不胜数。而此书中还提到了恒星的大小差异。恒星是由超新星爆发产生的尘埃形成的。当恒星老年时，会膨胀成为红巨星，比壮年时大很多；而当恒星垂暮之年时，会缩小成为白矮星，比壮年时小很多；最终，原本质量小的恒星会成为中子星，原本质量大的恒星则会成为黑洞。恒星的寿命很长，像参宿四这样的红巨星，却已经走到了生命的尽头，它在宇宙中明亮了数百亿年，最终只会缩小成为一个极小的黑洞。当然，作者也在此书中提到，只有质量过大的恒星才会在垂暮之年成为黑洞。黑洞是极小的，但它却可以把一切压缩，连光粒子也不会放过。

尽管人类对宇宙的了解是如此稀少，尽管人类相对宇宙是如此渺小，但人类对宇宙也并不是一无所知的。哈勃定律就是最好的证明。埃德温·鲍威尔·哈勃原本是一个天文爱好者，无意中却成为天文学家。他对人类天文学的发展作出了杰出的贡献。实用的哈勃定律、哈勃常数，大名鼎鼎的哈勃望远镜，这些无疑都使人类天文学向前迈出了一大步，从而使人类能更早发现宇宙所有的神奇与奥妙。

这本书让我明白：宇宙很广阔，宇宙也很奥妙。我们至今都未能明白各个星系形状、颜色的组成，也不知道宇宙中速度的极限。我们的路还很长，面对茫茫宇宙，我们不能放弃，有追求，就应该坚持下去！没错，在宇宙的尺度中，我们很渺小，甚至在地球的尺度中，我们也是无比渺小的，可是，即使再渺小，我们也有希望进行伟大的探索。爱因斯坦小时候是无名之辈，可他却留名青史；刘备卖草鞋出身，可他却创下了蜀汉基业。一个人生来平凡，可是当他取得伟大的成就时，他就会变得伟大。阿基米德说："如果给我一个支点，一根足够长的硬棒，我就能撬动整个地球。"人类是渺小的存在，但只要有为了追求永不放弃的精神，进行伟大的探索，就能使自己变得伟大！

作者学校：上海市娄山中学

壮我中华

——《战狼2》影评

李恺悦

《战狼 2》上映短短四天，票房就直逼 10 亿，虽然不怎么爱看军旅电影，但望着直升的票房，我决定还是去“凑个热闹”。在看完《战狼 2》后，我才发现这真的是一部堪称完美的爱国影片。

故事简单来说就是原为战狼中队特种兵的冷锋，因故被开除军籍。因为龙小云的意外失踪，他前往非洲追查线索，恰逢当地发生武装叛乱，中国大使馆组织撤侨。本可以安全撤离的冷锋，因无法忘记自己曾经作为军人的使命而选择留下。为了完成营救华资工厂的中国人和援非医疗专家陈博士的任务，他孤身犯险冲回沦陷区，并带领身陷屠杀中的同胞和难民，展开生死逃亡。

影片最吸引我的不是剧情，而是在剧情中慢慢塑造出来的人物。《战狼 2》不仅仅是一部军旅题材的爱国影片，它还融入了人物的感情色彩。其实，真正打动我的不光是煽情的话语，还有里面的人物。他们都是有血有肉的，他们都是有自己思想的。冷锋对龙小云的爱、对昔日军人职责的铭记以及对祖国的使命感主导了剧情的走向，这些都是能够打动我的情感。

“一朝是战狼，终身是战狼”，即使被开除军籍，冷锋也一样履行一名军人的职责；即使得不到信任，冷锋也一样冲上前不畏凶敌；即使“她”可能已不复存在，冷锋也一样坚守着自己内心深处的信仰！是啊，“脱下军装，职责犹在”，就算脱下了军装，那又怎样？“我”依旧是那个骁勇善战、不畏强敌的冷锋，“我”依旧是那匹有着英雄气概和民族血性的战狼！

而在我们强大的祖国、英勇的军人的背后，是否还藏着一些东西呢？我们需要的仅仅就是胜利与战斗吗？“犯我中华者虽远必诛”“杀我国人者皆我天敌”，我们是该让那些不知好歹的人们尝尝血债血偿的滋味，是该让他们体会到我们中国不是几只蝼蚁可以随意欺凌的！但，更深一层的背后，埋藏的是我们中华民族的伟大与团结。记住，不是我们生活在一个和平的年代，而是我们生活在一个和平的国家！在影片中也有许多场景表现了和平的重要性，体现了我们国家虽然逐渐强盛，但最珍重的，还是和平。而那鲜艳的五星红旗，在战火纷飞的蓝天中飘扬时，就是我们拒绝战争的表示！就是我们珍重和平的表示！

而更震撼人心的则是在影片即将结束时大屏幕上显示的一句话：“请记住，在你身后有一个强大的祖国。”中华民族日渐昌盛，从当时任人鱼肉的“小国”到现在繁荣强大的世界大国，从当时屡战屡败的“废国”到现在军事发达的强国！这一切的一切，都唤起了我们每个人心中的使命感。无论你是不是军人，在那一刻，想必你心中都是无比自豪的，而那心灵深处的责任感也渐渐升华，因为，不管你在做什么，在你的身后，都有一个强大的祖国！因为，不管你在哪里，在你的身后，都有一个伟大的民族！身为中国人，我们觉得骄傲。我们是中国人！

冷锋代表的是我们强大的中国军队，冷锋代表的是我们伟大的中华民族，冷锋代表的是我们每个人内心被深深埋藏的军人情怀！他在把中国军人阳刚特质表现得淋漓尽致的同时，又不失对祖国的热爱之情！“当兵后悔两年，不当兵后悔一辈子”，这句话其实是《战狼 1》里面的经典台词，但是冷锋在《战狼 2》中反复记起这句话给自己加油鼓劲，那种军人的坚持和韧性让人着实敬佩！而他身上的中华气质，也让我们不由自主地感叹！

最后，我想说的是：“虽然中国护照不能保证你去更多国家；但是，无论你身处何地、遭遇何种危险，它都能带你安全回家。”壮我中华！

作者学校：上海市市西初级中学

诗圣之不易

匡以能

我久久凝视着修葺一新的杜甫成都草堂，脑海中浮现出他微皱眉头，仿佛在悲叹沉思的脸庞，一闪而过数首他的佳作。他漫长而又艰辛的一生，就像一杯品不尽的苦茶。我试着感受他漫长而又艰辛的一生。

年少时，杜甫怀着“会当凌绝顶，一览众山小”的理想抱负从杜家名门走出，同年岁的张九龄、王昌龄、王维等都已经出人头地，声名显赫，但是杜甫却“朝扣富儿门，暮随肥马尘”。他遇到了被贬出皇宫的李白，两人一同寻仙访道，谈论诗文，结下了“醉眠秋共被，携手日同行”的友谊。“白也诗无敌，飘然思不群”，他虽然总是这般夸赞李白，但从来没有能够像李白那样意气风发，引人注目。他努力写了如此多的诗，结交了如此多的朋友，却仍然怀才不遇。他是孤独的，在一片功名繁华之下，只有他的目光能透过层层迷雾，看清现实，“百年歌自苦，未有见知音”。杜诗就像他自己奋斗的人生，缀满了无奈失落、孤芳自赏的轻轻叹息。

生活在唐朝由盛转衰的时代，杜甫时时刻刻都表现出“致君尧舜上，再使风俗淳”的政治理想，并踏上了忧国忧民的生活和创作道路。随着唐玄宗后期政治越来越腐败，他在颠沛流离的生活中也一天天地陷入贫困失望的境地。安史之乱爆发前夕，虽然已经“指直不可结”，杜甫却仍在骊山下忧心国事。杜甫在战乱逃亡时，见到战乱给百姓带来的无穷灾难和人民忍辱负重参军参战的爱国行为，感慨万千，便奋笔创作了不朽的史诗，如滞留在长安时创作的“明眸皓齿今何在？血污游魂归不得”的《哀江头》。他眼观现实，宛如一位圣人。他无时无刻不关注着社会底层人民的疾苦。杜诗就像整整一个时代的宏大纪录片，以渺小道出了真实的伟大。

当着八品小官，他回到家中却“入门闻号咷，幼子饥已卒”，发现小儿子饿死了。为反映当时的民生疾苦和政治动乱、揭露统治者的丑恶行径，一路上悲愤的他写下了“朱门酒肉臭，路有冻死骨”的《自京赴奉先县咏怀五百字》。

经过千百辗转，困顿的杜甫一家迁入了简陋的成都草堂。环顾他简朴的起居室，我想到冯志说过的一句话：“人可以不知道杜甫的生地和死地，却总忘不了杜甫在成都的草堂。”其间，杜甫当了严武的参谋，后人又称杜甫为杜工部。不久杜甫又辞了职。这五六年间，杜甫寄人篱下，生活依然很苦，时不时还要靠严武救济，“故人供禄米，邻舍与园蔬”。他总是这般诚恳地道谢。但仍有时“厚禄故人书断绝，恒饥稚子色凄凉”，家里人都已是没了依靠。又有《茅屋为秋风所破歌》，他将对狂风破屋的焦虑、对群童抱茅的无奈与对社会动荡的叹息融为一体。杜诗就像生活日记，写满了平凡点滴。即使“艰难苦恨繁霜鬓，潦倒新停浊酒杯”，还要忍受老病为家庭谋生，他仍要为全社会的百姓悲怆。

冬天，寒风刺骨，杜甫在由湖南潭州去往岳阳的一条小船上病倒了，再也无法起身。群星璀璨的大唐诗坛，谁在乎这六等星呢？就连最重要的诗歌集子都没有记录过他。历史的灰尘，几乎把杜甫掩埋，直到下一个世纪才有人发现了他的杰作。未享大名的他终于在跨越百年后展现了光彩。

元稹写给他的墓志铭上说：“上薄风骚，下该沈宋，言夺苏李，气吞曹刘……”当诗人终于历经社会、家庭、仕途的磨难，绽放异彩时，我望着他曾经屋中的一板一椅，聆听百年的大诗人杜甫的心声。

作者学校：上海民办兰生复旦中学

吟浓情画意，绘刚柔风骨

——《蒋勋说宋词》读后感

刘熙蕾

珠玉在前，唐诗大气恢宏，相较之下，宋词在我眼里好像就只写了些小家子气的情思。直到读了中信出版社出版的《蒋勋说宋词》，我才明白，诗人皆是神仙，词人则是凡人；唐诗“致广大”，而宋词“尽精微”。

作者蒋勋学识渊博，说理流畅，精通文学、艺术史、美学论述等。他认为，美之于自己，就像是一种信仰。因此书中也多处涉及艺术美学方面的知识，令人读来耳目一新。

蒋勋说：“宋词的多面正如生命本身。”读完这本书，我深有同感。

宋词是一位多情的男子。晏几道会在梦后酒醒时忆起与心上人美好的初见。那晚明月皎皎，照在穿着心字罗衣的小蘋身上，他便此生难忘。我想晏几道一定是注入了深情在其中的，所谓“记得小蘋初见，两重心字罗衣”。若非是极重要的人，谁会将小蘋这名字直接放入词中，会记得初见时她穿的衣服呢？我们只要一读这首《临江仙·梦后楼台高锁》，就能感受到晏几道对她的珍惜与思念。不管他以后有着怎样“去年春恨却来时”的伤感，只要想起那晚，他的生命就是喜悦的。苏轼同样是一位多情的男子，《蝶恋花·春景》想必大家都读过。下阙可是个有趣的故事：“墙外行人”在路上听见了“墙里佳人笑”，便踮起脚尖想一睹芳容，结识一下少女。少女却“笑渐不闻声渐悄”，无情地走了。行人摸摸鼻子感到可惜，怀着“多情却被无情恼”的心情，自我调侃一下拍拍屁股走了。蒋勋说苏轼的感情一清如水，他的心态与精神正是我们称颂、学习他的原因。

宋词是生活的有心者，他们开始使用“显微镜”了。当周邦彦信步走在长汀边时，他会留意到“叶上初阳干宿雨”，会观察到“一一风荷举”。这是多么细腻，昨夜的雨被清晨的第一缕阳光照干，雨不在了，但我还记得叶子上曾经有过雨。这又是多么深情，看到残存的雨痕，想到消逝的美好时光，它过去了，我却永远怀念它，眷念它。他们的深情定是存于万事万物。蒋勋认为：“发现泪水是容易的，发现泪痕是不容易的。”而词人们却常常注意到“泪痕”。他们善于享受生活中的宁静，因为生命不是每个时刻都有着重大意义。就像有的人喜欢在休闲时间泡一杯咖啡，一个人小口啜饮，这种消遣，或许就是书中所说的“生活美学”。在蒋勋眼里，宋朝是个安静的朝代，不同于唐朝，它开始思考内里，回归生活本真，这是一种内向的征服。

宋词也是激昂悲凉的行者。当苏东坡行走在黄州赤壁，他会发出“大江东去，浪淘尽，千古风流人物”的感慨。所有是非都会随江水一起逝去，时间会扫尽一切。历史烟云现在看来就像一台缥缈又真实的戏剧，周瑜“谈笑间，樯橹灰飞烟灭”，这么看来，自己心中的痛苦又算什么呢？“人生如梦，一樽还酹江月”，这又是我们所熟悉的苏东坡了，他最终想把生命还给山水。蒋勋说：“这是他生命中最苦难，也是最升华的时刻。”辛弃疾登上建康赏心亭，“落日楼头，断鸿声里”，身处血红的夕阳之下，听着落单孤雁的悲切叫声，望着眼前的残山剩水，“把吴钩看了，栏杆拍遍，无人会，登临意”。南宋朝廷分为两派，主和派独占鳌头，辛弃疾作为主战派自然被打压，这么看来他的悲壮就很好理解了。他看着手上的宝刀，认为自己身负国家的使命，江南不是他该定居的地方，北伐才是他的归宿，他想杀贼，他想复国，但朝廷的态度却让他更加悲哀，“倩何人唤取，红巾翠袖，揾英雄泪”！他是一位孤独的民族英雄，他的经历让他在“悲壮美学”上取得了极高的成就。

宋词还是秦观笔下在“雾失楼台”中迷失的耽溺者；是李清照笔下有“此情无计可消除”心事的女儿家；是辛弃疾晚年笔下和杯子交谈，说“杯汝来前，老子今朝，点检形骸”的有趣老人；是我们多彩生命每一个棱面折射出的不同人格，引导我们领略生活中的平凡、激昂与深情。

蒋勋说过，词应该有一部分是音乐史关心的，有一部分是文学史关心的。很可惜，在今天，音乐史的那一部分我们已经基本遗失掉了。读完这本书，我设想过，词牌的乐谱如果流传下来，人们的生活或许会发生一些变化，譬如，人们工作时会习惯性地哼哼小曲。如果人们一开口不是那些流行的乐曲情歌，而是一首首充满古典韵味的宋词小调，想必国家也不需要为了文化传承想那么多法子了。若是让宋词走进人们的生活，让跌入人生低谷的人读读苏东坡的“自喜渐不为人识”，或许他们便会努力接受并乐观面对现实；让虚度光阴的人读读宋祁的“且向花间留晚照”，或许他们便会懂得珍惜自己。

我听过这样一种说法：“上天给人类大美的机会不会很多，千八百年才让你像样一次。比如宋词。”我们应当珍惜这“大美的机会”，在蒋勋的解读中，了解人生中的宋词，体会宋词中的深情。

作者学校：上海市嘉定区民办怀少学校

一字一句总是情

——读《老舍散文选集》有感

张峥玲

小学时，我学过老舍先生的几篇文章。其中有一篇文章叫《林海》，写的是大兴安岭的美景。这篇文章我很喜欢，读了又读，直到现在我还记得一些字句——“兴安岭多么会打扮自己呀：青松作衫，白桦为裙，还穿着绣花鞋。连树与树之间的空隙也不缺乏色彩：松影下开着各种小花，招来各色的小蝴蝶——它们很亲热地落在客人身上”。

我发现，老舍先生的散文不仅通俗易懂，而且语言生动，字里行间流露出的都是对自然的喜爱之情。现在读到这本《老舍散文选集》，我又可以好好品味一番了。

在《五月的青岛》一文中，老舍先生写道：“公园里自然无需说了，小蝴蝶花与桂竹香们在绿草地上用它们娇艳的颜色结成十字，或绣成几团；那短短的绿树篱上也开着一层白花，似绿枝上挂了一层春雪。”

在老舍先生的笔下，那些不被人注意的小蝴蝶花、桂竹香和绿树篱上的白花，都有了灵性。描写绿树篱上的白花，老舍先生说它像“绿枝上挂了一层春雪”。原本毫不起眼、毫无感情的绿树篱和白花，因为这个巧妙的比喻，有了春天的生气。读到这里，我忍不住闭上眼睛，想象自己正身处那片美景中。在绿和白的鲜亮的色彩交织中，我联想到，老舍先生在欣赏这一番生机盎然的春景时，心情也应该是轻松而愉快的。

再看这一段："绿，鲜绿，浅绿，深绿，黄绿，灰绿，各种的绿色，连接着，交错着，变化着，波动着，一直绿到天边，绿到山脚，绿到渔帆的外边去。风不凉，浪不高，船缓缓的走，燕低低的飞，街上的花香与海上的咸味混到一处，浪漾在空，水在面前，而绿意无限，可不是，春深似海！"

同样是写青岛的春天，这回老舍先生抓住了春天里的绿色来展开描写。一大串不同绿色的名字，让人们眼前一亮。我不禁抬头看了一眼窗外——此刻正值盛夏，楼下的樟树林和竹林长得正旺，层层叠叠，绵延起伏，各种各样的绿色让我深深陶醉其中。我这才发现，上海的夏天原来也别有风情。

的确，这个世界不是缺乏美，而是缺乏发现美的眼睛。像老舍先生一样，做一个热爱自然、向往自然的人，会让自己的生活充满美。

用了一大串绿色的名字描写春天还不够，老舍先生又用了好几个动词继续描写春天，"连接着""交错着""变化着""波动着"，这些词给予春天一种动态的美、力量的美。

再看这一段："池边还有小泉呢：有的像大鱼吐水，极轻快的上来一串小泡；有的像一串明珠，走到中途又歪下去，真像一串珍珠在水里斜放着；有的半天才上来一个泡，大，扁一点，慢慢的，有姿态的，摇动上来；碎了；看，又来了一个！有的好几串小碎珠一齐挤上来，像一朵攒整齐的珠花，雪白。有的……这比那大泉还更有味。"

这是老舍先生在《趵突泉的欣赏》中描写泉水里小泡泡的语句，他用了一组排比，将那些从泉水里冒出来的小泡泡形容得俏皮可爱、活灵活现。普通人写泉水里的泡泡，大多会用"五彩缤纷"之类老掉牙的词语来形容，很少有人会注意到那些不值一提的小泡泡。但是在老舍先生的眼里，那些小泡泡仿佛活了一般，"走到中途又歪下去""有姿态的，摇动上来""一齐挤上来"……老舍先生用他那细腻而独到的观察，让这些再普通不过的小泡泡变得不那么普通了，而是形态各异，各具特色。

肖复兴在《读书知味》中提道："自然景物是我们生存的背景，是文章里的律动和生命。在生活中，它们是我们心灵与情感沉淀和呼应的对应物……"在老舍先生的散文中，我也真切地感受到了情和景的融合。文中没有一处提及喜爱二字，却将对青岛和趵突泉的喜爱全部藏在了对景物的生动描写里。正是源于这份深深的喜爱之情，老舍先生才能够写出这样富有深情、感化人心的语句。

我真的很喜欢读老舍先生的散文，总能感受到他在用文字尽情描绘着大自然的独特魅力，尽情抒发着对生活、对世界的无限热爱。我渐渐明白，老舍先生之所以被尊称为“人民艺术家”“语言大师”，不是因为他会写那些华丽动人、激情澎湃的文字，而是因为他能够把最真挚的情感，藏进一个个朴素的文字里，让读者不知不觉就融入文字的情感中去了。

以前一提到写景作文，我就很苦恼，总觉得自己写不出新颖、漂亮的好句子。看完老舍先生的这本散文集，我觉得自己找到了写作的窍门。写文章就好比是烧菜，光有那些普通的食材是不够的，而是得靠最后一步——酱汁的挥洒来调味，才能让这道菜变得意义非凡、与众不同。写文章时情感的融入就像烧菜时酱汁的调味，画龙点睛，巧妙无比。老舍先生用他的文字告诉我，写景不仅要靠外在的描写的语句，而且要让自己走进这片景中，用心去感受，以情感为笔，才能写出含有深意的好文章。

再次翻开《老舍散文选集》，书页上那一个个印刷字仿佛都活了起来，有了性格，有了脾气，有了思想，慢慢地走进了我的心田……

作者学校：上海市上南中学东校

沐浴阳光

——读《骆驼祥子》有感

徐乐涵

老舍先生是我国著名现代小说家、作家，而《骆驼祥子》则是他的代表作。《骆驼祥子》这部中华经典作品，不仅让我深刻地了解旧社会的风貌，让那段时光在我的历史记忆中有了细节和厚度，而且让我感触良多，思考良多。

不愧为一代经典。

“长官，乘不乘车？”合上《骆驼祥子》这本书，祥子的一生在我脑海中像幅画卷似的展开了。

起初的祥子，年轻，有活力，是个努力奋斗的好青年。他看不起那些混着过日子的人，卖力地拉着一趟又一趟的人力车。他累吗？不，他乐此不疲，因为他最大的理想就是能拥有一辆属于自己的人力车，娶上一个贤惠、健康的妻子，安安稳稳地过完自己这一辈子。

但事与愿违，画面开始变得厚重、深沉。当他好不容易借钱买了人力车后，军阀却收走了他的车。之后，为生活所迫，他不得不和虎妞在一起。在几经变故后，他终于放弃了与生活作斗争。他累了，堕落了，画面开始变得斑驳、焦黄。祥子就像是高峰时段的地铁乘客，被这个社会的插队者不断地从地铁中挤出去，最终成了社会病胎里的产儿，成了个人主义的末路鬼。

整理好了思绪，我向远处望去，那是一片湛蓝的天空，阳光淡淡地洒在这个明朗的世界，几声友好的鸟叫从远处一点点传过来。我真庆幸，庆幸自己生活在这个时代。从楼下传来的爷爷奶奶的交谈声让我充满了安全感。

我想起前不久市里面组织小研究员去听专家的讲座。专家没有讲那些我们听不懂的刻板理论，而是换上了亲切和蔼的笑容，生动地告诉我们科学研究方法。他们用温暖的眼神看着我们，仿佛是春风拂过燥热的大地，让我们的心不由自主地静了下来。每句话，都仿佛是一个动作，那样的亲和，那样的关切，让我们身体的每一个毛孔都酥酥的，想全身心投入。

那样一场讲座，让人受益匪浅。哪怕没有记下什么，也会让人萌生出要发明小东西的念头来。你说，这样的社会能不积极、健康吗？

我感谢我生活在这样的时代，有时，我在想，如果祥子和我一起生活在这个时代，一定会成为一个积极奉献的人吧！

在学钢琴时，我也遇到过这样那样的困难。我不仅要准确无误、细心耐心地识谱，更要面对练习基本功时的枯燥和手指酸痛，还要日复一日年复一年坚持学习。

记得那次钢琴考级，我几乎是被爸爸妈妈扔进琴房的。可是那又怎样？我只是随意地敲击着钢琴键，心思却飘在外面的世界。

不知怎的，我突然想起了祥子，我不想和他一样，到最后就真的放弃了，堕落了。我在想，如果我是他，我一定会坚持下去，成为监狱里的一朵小花。于是，我下定决心，一点点啃着谱子，一点点，向前进着。

哪怕十分努力，每个星期老师还是能发现我弹了许多错音、有许多不正确的节拍。有一天，因为我连着好几次都没改正一个错音，没有把速度提上去，老师冲我发火了。他甚至预言，预言我不会通过考级。

心仿佛碎了，我强忍着没在课上流泪。一回到家，我就冲到房间埋头痛哭了起来。无论我再怎么努力，都抵不过他人的天赋？我偏偏不信。我不信一个人真的没有办法做成一件事。我依旧和往常一样，一点点啃着谱子，一点点练习基本功，一点点提高速度，一点点背着谱子……我总觉得，在那一刻，我很像我理想中的祥子，哪怕没有结果，我也会为我自己而骄傲。

去考级的那一天，没有破釜沉舟，也没有拼死一搏。留在心中的，只是泰然，和心中的，那一缕阳光。

最后被老师预言通不过的我居然通过了考级，而那两个据说肯定能过的，却被挤下了十级的列车。

得知结果后，我哑然失笑。

许多人读完《骆驼祥子》后，都感悟要珍惜这个时代，对旧社会的劳动人民感到同情。但我却认为，不仅仅是如此。

不管生活如何对我，我都要沐浴阳光。

作者学校：上海市华东师范大学附属枫泾中学

《汉字书法之美》读后感

王天阳

汉字书写，对于我，像一种修行。我不断回想起父亲握着我的手书写的岁月，那些简单的字也是我的手被父亲握着，一起完成的最美丽的书法。

——蒋勋

指尖在浸透了墨香的书页间拂过，当书的尾页合上，《汉字书法之美》中的一字字、一句句却还似在眼前放映，那一个个片段、画面让我回味无穷。

正如《汉字书法之美》中强调的，"一"可以是文字，也可以是这么一根线条。在写水平线条时，让它拉开形成水与墨在纸上交互律动的关系，是对沉静的大地上云层的静静流动有了记忆，有了对生命、安静、伸张的领悟……

很自然地，这让我想起了我与书法的邂逅。

我从一年级就开始学习书法。我不惧怕疲惫，因为自信在；我不惧怕厌恶，因为热情在；我更不惧怕放弃，因为梦想在。我梦想和那个执笔者一样泼墨挥毫！

开始练字时，老师握着我的小手写，老师的手很大，很温暖。我感到有一种美在心与心之间传递着，先从心到心，再从心到笔尖，又从笔尖永远地定格在纸上。书法将这份美定格住了，凝固了。所以，书法是有温度的，我偷偷地享受着这种温度。

可的确，写书法是件苦差事。写字时手和桌面必须平行，没过几十秒我的手就酸了。我便一狠心，拿了根针，针尾朝上，插到一小块泡沫塑料上，与这手臂死磕。虽然没磕出鲜血，但这却为我后来的进步打下了坚实根基。

更煎熬的是，因为新手上路，我手握毛笔时会抖，而且还有银针在手下面“伺候”。但再看看老师苍劲有力的大字，我立即涌起一种斗志，尽力将每个字写到最好，哪怕手一抖，毛毡一歪，我都感到懊恼。夏天的“魔鬼训练”，树上的知了，楼外的喧闹，没有空调，不能吹风扇，这些彻彻底底磨炼着我的意志。

就这样，在这个未点亮的书法世界中，我摸爬滚打着，登临希望之殿。

现在，我写书法娴熟多了，不再累，不再苦。我热爱隶书的流动，更爱其线条如水波跌宕，如双鸟高飞，如檐牙高啄，它的美建立在波磔线条的悠扬之中；我热爱楷书的顿角、硬朗，更爱其大气、庄重；我热爱行草的即兴自在，更爱其飘逸、线条的美。

我也会像当时的执笔者一样写了，洁白的纸上，笔尖在游走，笔是风，纸是柳枝，笔是舟，纸是水面，静动快慢结合在一起。

那横，畅快淋漓地拉过去，似乱石穿空，电光一闪，快又不失弹性，随着笔锋一转如劲弩满弓，折将下来，在最后一笔连着写下一个字，好像其中无数丝缕牵连。有时，像千钧一发，勾挑上来，时崦崩浪雷奔，惊涛裂岸，漫长地拉出去，仿佛到方格之外还在延长。有时，笔尖在纸上绕着，似“山重水复”，正“疑无路”时，忽然向上一挑，正挺挺地向下一拉，似“三千尺飞瀑”，似“万岁枯藤”。有时，“枯松倒挂倚绝壁”地写出那劲道，那是从中间向两边的一股张力，在那一瞬间，世界裂为两半，硬生生地入木三分，刻下“飞白”，实在过瘾，可笔又提，“咚——”地一点，高峰坠石，如撞钟漫漫悠长，回味无穷。笔尖在“雄飞雌从绕林间”后，又重重一点，好像是人生中最后一击。

书法，对于我，也是一种修行。不管造诣多高，我都会像最初那样一笔一画地书写。现在我知道，书法中最难写的字是“一”，简单、素朴却又不失劲道。现在我也知道，每一次磨墨就似生命的开始。仿佛砚中是新的生命，我小心翼翼地转着，磨掉急躁，磨掉杂事，去寻找一种心境上的踏实。现在我更知道，笔尖濡墨时，那死去的动物的毫毛一一复活了，纸也动了起来，笔尖触纸，那墨深深地流进、浸到纤维里，我感受到最细微的毛细现象，像是叶脉透着阳光。我见证了生命的流动。

我想，《汉字书法之美》给予我的并不单单是对汉字元素的认识，更是心灵的净化和性情的表达。我愿徜徉于汉字的时光长廊；更愿用一辈子书写人生，体会书法的敬意与生命。书法唤醒了我对美的认识，更唤醒了千万个人，唤醒了千万条魂。

作者学校：上海市松江区民乐学校

比恒星长久的友情

——《萤火虫小巷》读后感

李若妍

人生是一段孤独的旅程，但我遇见了你。

你不是我，却又像世界上的另一个我。

这是个关于萤火虫小巷姐妹花的故事。凯蒂是个乖乖女，她没有那么多的欲望想要获得成功，她只是渴望爱，有爱她的人和她爱的人，所以她选择了家庭。而塔莉因为童年时被妈妈抛弃，她极度不相信爱，极度渴望成功，所以她选择了事业。本来性格完全不同、追求完全不同的两个人，却这样紧紧相拥在一起。她们互相吸引着对方，塔莉的魅力及性格深深吸引着凯蒂，而凯蒂的温暖的家又深深吸引着塔莉。她们知道彼此内心都强烈渴求一个好朋友，所以她们不会无缘无故消失，不会无缘无故抛弃好朋友。无论发生什么，她们都永远守护着身边的朋友。

一开始看的时候，我也总是羡慕塔莉的魅力以及她永远完美的交际关系，但是我知道，她是孤独的，她没有一个真正知心的好朋友，从容是她的铠甲，守护着她脆弱的内心。而凯蒂出生在一个温暖却又严谨、严厉的家庭，她从小就是一个乖乖女，她没有朋友，总是暗暗羡慕着其他同学，我不禁对她感到十分同情。没有友情的心灵是孤独、寂寞的，她的经历触动着我的心扉，让我回忆起过往。我也曾有段时间不爱开口交谈，将自己封锁在自己的世界里，我不懂得怎样与别人交朋友，但是，我庆幸我也同样拥有那样一个她，一个与塔莉相似的好朋友。塔莉改变了凯蒂的处境，凯蒂也同样温暖了塔莉的内心。

查理的出现、强尼的出现以及凯蒂的暗恋……导致她们之间的友情产生了嫌隙。读到这里我忍不住潸然泪下，也忍不住赞叹作者文笔之巧妙，使我恍若身临其境，变成了文中的主角。但似乎总有一些人一些事，在帮助她们化解矛盾，走出冷战期。很多时候，我都不自觉认为，她们真幸运，我要是有这么幸运就好了，这么多人保护她们的友谊，但我明白，友谊需要双方的呵护，友谊是心与心之间的交流。我非常喜欢凯蒂，因为她善解人意。虽然塔莉很自私，做错许多事情惹凯蒂生气甚至还背叛、算计过她，但凯蒂总是能够第一时间理解塔莉，理解她不完整的童年，然后主动道歉。是啊，好像每次朋友之间吵架，总是有一方先妥协，我的嘴角也扯起了一抹苦涩的微笑，因为我知道，我经常不是先妥协的一方，我开始深深地忏悔，为什么每次都是他人先妥协？为什么每次都不是我先道歉？如果我能像凯蒂一样宽容无私，为他人着想，该多好啊。但我也并非十分讨厌塔莉，她虽然自私，但也深爱着凯蒂，总是帮助她，而且在凯蒂生命的最后，塔莉说的那段话，让我感慨良多。虽然平时塔莉都是在说自己的事情，但塔莉也记住了所有关于凯蒂的事情，就连凯蒂读的书，书里的情节都记得一清二楚，可见她也十分关心凯蒂。

读完整本书，我的心灵被她们的友情所震撼。她们比任何人都知道彼此的优缺点，比任何人都懂得包容那些缺陷。我同时也羡慕，她们需要彼此时就可以直接说，只要你需要，我就会出现，多么好，不用总是在一起，但我需要你时你就会在，我永远不会孤单，因为你永远在。我也从此下定决心，永远守护我的友情与朋友。

萤火虫小巷里没有萤火虫，却有闪亮的梦想，还有她们笑泪交织却比恒星还要长久的友情。

作者学校：上海市青浦区实验中学（东部）

苏童小说《樱桃》续集

张天瑜

尹树一下子就懵了："这，这，这怎么可能呢？樱桃夏天的时候就死了，那我前几天遇见的又是谁？难不成是樱桃的灵魂来找我了？可她为什么要来找我？"尹树越想越乱，他伸出手，想要拿回樱桃手上的蓝灰格子手绢。

可就在他触碰到手绢的一刹那，手绢发出了一道耀眼的白光，尹树立刻用手遮住自己的眼睛。

等他睁开眼睛，他已经不在九号病床前了。他发现自己处于一个封闭的空间里，四面都是白色的墙，站在他面前的，是一个和他长得一模一样的人。

"你是谁？我为什么会在这里？"尹树警惕地问他。

"我叫大春，"他说，"我是曾经的你。"

"曾经的我……"尹树这才知道，原来，自己以前就叫大春，可就在前不久，自己生了病，导致片断性失忆，他的朋友们才给他取名为尹树。

那个人又开口了："你要记住，如果你不改变故事的结局，所有的一切都将反复轮回，所以，你一定要好好保护那个女人……"说完，他便消失了……

当尹树惊醒过来的时候，他发现自己躺在床上，后背已被汗水浸透了。"原来只是个梦。"尹树暗自松了口气，拿毛巾擦了擦后背吓出的汗。

床头柜上钟的指针已指向八点四十，该去送信了。

那天早晨下过雨，枫林路的水泥路面上积满了水渍和落叶，看上去有点潮滑，因此尹树是推着邮车走下去的。尹树走到枫林医院的一扇边门前，他注意到那扇长年封闭的门几近腐烂，木缝里已经长出了薄薄的一层青苔。

尹树停了下来，他隐约觉得这扇门有些眼熟，似乎在哪里见过一般。

就在那时，那扇门突然被谁慢慢地打开了。一个穿着白色睡袍的女孩从门后闪出来，她迎着尹树和他的邮车站定了。尹树惊愕之余，下意识地扭过邮车车头，但他发现女孩轻移莲步又挡住了他的去路。一个年轻而苍白的女孩，她的美貌和凄楚的表情使尹树怦然心动。

尹树看见她从白色睡袍宽大的衣袖中伸出右手，一只晶莹如玉的纤纤小手，与那双乌黑湿润的眼睛一样充满着某种渴盼之情。

“你要干什么？”

“信。有我的信吗？”

“你叫什么名字？”

“白樱桃。”

“什么？”

“白雪的白，樱桃树的樱桃。也许信封上只写了樱桃，那就是我，只有我一个人叫樱桃。”

尹树猛然回想起今天早上做的梦，他终于明白了自己为什么对医院的门那么熟悉，他也终于醒悟了，那不是一个梦，而是大春对他的警示。

尹树急忙翻检邮包。

“对不起，没有你的信，”他有些遗憾地告诉樱桃，“你能不能告诉我，你在等谁的信？”

“等我母亲的信，自从我生病以来，她没怎么给我写信，还有大春……”樱桃突然抬起头来看着尹树，她那双水汪汪的大眼睛，注视着他，似乎在希望他能回想起什么。

“对不起，樱桃……都是我不好……”尹树突然抱住了樱桃。

“大春？你终于想起我了……”尹树看到晶莹的泪珠从樱桃的眼里淌了下来。

他从口袋里掏出一块蓝灰格子手绢，塞到了樱桃手中：“樱桃，我再也不会忘记你了！”

他发现自己又一次爱上了樱桃……

秋风一天凉过一天，枫林路一带的蝉鸣沉寂下去，枫树的角形叶子已经红透了，而梧桐开始落叶，落叶覆盖在潮湿的地面上，被风卷起或者紧贴地面静静地腐烂，从高处俯瞰枫林路的秋景，这条街道竟点缀着层层叠叠的红黄暖色。

尹树喜欢枫林路的秋天。

今天他没有像往常一样骑着车送信，他与樱桃相约一起去咖啡店。

来到了医院门前，他发现樱桃已经在门外等他了。

今天的樱桃穿了一条粉红色的连衣裙，显得格外美丽。他们俩就这样肩并着肩走在一起。

很快，他们就已经走到了路口。

“看，就是那家咖啡店，据说里面的拿铁超好喝的。”樱桃指向马路对面的那家咖啡店，激动地跑了过去。

就在这时，刺耳的喇叭声响起，一辆小轿车从一旁飞速行驶过来——

“樱桃！！！”尹树失声大叫，可是已经晚了，樱桃被撞倒在地，躺在血泊之中……

尹树再一次站在了九号病床前，他看着樱桃的尸体，轻声说：“我绝不会再一次让你死去了。”

他深深地吸了一口气，将手伸向了蓝灰格子手绢。

那道耀眼的白光又出现了，尹树再一次从梦中醒了过来……

当喇叭声再次响起——

“樱桃！！！”尹树毫不犹豫地向樱桃冲了过去，一把将她推开……

他听到了刺耳的刹车声，接着就感到剧烈的疼痛，他倒在了地上，眼前一黑，便什么知觉也没有了……

尹树为爱付出了一切，甚至不惜自己的生命。故事的结局，也从此改变了。

从此以后，枫林路的街头，很凉很凉，四季，只唱着一首冬天的歌……

作者学校：上海市大同初级中学

黑板上的记忆

李睿恩

当我拿到一张来自同学的同学录时，我才意识到现在是什么时候。

我明白，上次我写同学录还是小学毕业的时候。小学嘛，同学们还不懂什么离别愁绪，毕业前还轻松地在班级里玩着三国杀，谈笑风生还来不及呢，哪有什么悲伤之感。不少同学带来同学录——那时候对我来说这真是个新奇玩意儿，因为我从不用同学录。同学们给我一张一张的同学录让我填，我也就认认真真一张一张地填满它。

也不知道是否真的像某些歌曲唱的那样，小学同学还珍藏着同学录时常翻看，回想起少时欢乐的时光。说到小学同学，我仍旧感慨万千，甚至也想和几年未见的他们聚一聚。

但初中的同学录这么快就如约而至，的确让我始料未及。

刚走进初中的时候，我大概还稚嫩着。走进教室，看到了两三张熟悉的面孔，接着就是一张张陌生的面孔。

那时候，教室里还坐着我的语文老师——班主任梅老师。我问老师我坐哪里，她笑着告诉我可以随便坐，我便在一个小学同学的座位旁边坐了下来，和他一起谈笑风生。那时候，梅老师的微笑可美丽了，和现在总是发火、皱紧眉头的梅老师相比简直不是同一个人。

这些都是四年前的事情，可在我眼里却好似昨天才刚发生过一样。

充实我四年人生的这群人，原来就要这样离去了呀。

印象深刻的是，那时候，我们流行“抄英语”。英语胡老师 Leslie 每次都会为我们整理一些题目，让我们抄下来做。因此我们每节课下课，都会拿着英语本，匆忙地跑向旁边没有人的桌子，找一个好的视角“抄英语”。电脑时常打开，Word 文档也一直准备着，就是为了方便我们随时可以打开那个文档“抄英语”。那时候我们的下课时间过得非常充实，因为同学们都在勤奋地“抄英语”。如果第二天我们抄不完英语，胡老师就会臭骂我们“低能”，我们听了可不是都得抖三抖！要是真的有同学没抄完，他也会求着别人借他英语本抄。

到了后来，胡老师还会给我们推荐一些好听的英文歌曲。有一首令我们印象深刻，就是《Be What You Wanna Be》。这无疑是一首老歌，但它的旋律的确俘获了我们的心。从此，我们在“抄英语”的同时还会欣赏这些歌曲。曲不离口，笔不离手，可不悠哉！

后来，胡老师还给我们推荐了《Lemon Tree》这种旋律轻快的歌曲。不过我最难忘的还是那首《Yesterday Once More》。那一年，我们只是会唱，根本不知道歌词要表达什么意思，只能隐约听出悲伤的感觉。今天再听这首《Yesterday Once More》，内心却好似打翻了五味瓶……

而数学刘老师初见我们的时候，给我们每个人发了一张小纸片，让我们填写个人信息。小纸片长得像扑克牌的样子，男生的在左上角和右下角各有一个“黑桃 K”，女生的则各有一个“红桃 Q”，很有数学老师的风范。他给每个同学都在教室的角落拍了一张照片，似乎想努力记下每个同学的名字和长相。我还记得，那时候我还没这么多痘痘呢。

我记得那时候，刘老师喜欢弘扬“素质教育”。只要心情不好，刘老师就会把我们做得不好的作业愤怒地砸在桌子上，或者扔到教室后面去。只要我们话多，刘老师就让我们抄写数学书上的定理或者数学书的目录。我那时候还抄了不少次全等三角形证明方法呢！所以那时的“SAS”全等三角形证明方法至今我还记忆犹新。

走过六年级，升入七年级，老师们还是熟悉的模样，一切还是照旧。我们觉得毕业离我们真的太远，我们还有大把时间享受这轻松美妙的初中时光。

“动力乘以动力臂等于阻力乘以阻力臂”，在七年级，我见到了我们的物理徐老师。他一直是我们年级五班的班主任。我们平常很少和他交流，只是知道有这样一个人存在罢了。短短的头发，黑色的眼镜，显得他别有一番物理老师的样子。他来到我们班级上课，开口就告诉我们“物理是一门研究力、热、声、光、电的学科”，而他也真的恪尽职守，教会了我们力、热、声与光。

那时候学习简单机械，碰到杠杆与滑轮，我们都很害怕。这好像是一个奇妙到我们无法理解的领域：我们总也弄不清楚功是守恒的，总也弄不清楚动滑轮自由端移动的距离是物体移动距离的两倍。那一次月考，我物理考了 99 分。徐老师看了非常喜悦，觉得自己教出了得意门生——因为那次考试太难了，全年级平均分都低于 80 分。

而那次考试的出卷人，正是九年级的物理孙老师。

八年级第二学期即将结束时，我们要额外上五天课。徐老师给我们讲了九年级的压强知识，让我们进一步了解力。可当我们还没学完这些，路过八年级班级的时候，却发现徐老师好像被留级了一样，还在教八年级。而教我们九年级物理的正是孙老师。

我们万分不解，十分怀念徐老师有趣的课堂。徐老师每个上午来默写物理概念的场景、徐老师生动的举例和让人喜爱的课堂时常浮现在我们脑海里。听孙老师讲阿基米德原理，说自己用一支缩小枪把一艘浮在海上的轮船缩小，变成液体密度计的时候，我总觉得他说得不如徐老师生动。

后来，我们也就习惯了。只是，孙老师暴躁起来真不像样子。他可以只因为学生没有记下笔记就把学生的桌子踹翻，也可以只因为月考大家都没有考到高分而破口大骂，这着实令我们有些害怕。我们总不敢犯错，生怕惹他不高兴了。

他会说一些很有意思的口头禅——“小渣渣”“死鬼”。每当我们犯了不该犯的错误，他总会说我们是“小渣渣”，说我们是“死鬼”。当然，这是一种有趣的调侃，我们每次听了都会会心一笑。后来，孙老师发火次数少了，我们也就习惯了他的教学方式，逐渐学会了很多方法。我们都十分感谢他。

说到九年级，就会说到我们的化学郑老师。八年级初见她那会儿，她还是在教导处工作的。她拿着一堆资料进教室，问班主任谁适合当课代表，班主任说我比较适合。我就莫名其妙当上了课代表。说莫名其妙，是因为我知道班级里有那种提前把化学学了两三遍的同学——其实就是那个开学时做奇怪动作的同学。

“稀有气体只需要记住三个，氦（He）氖（Ne）氩（Ar）。”郑老师对我们说。她要求我们背诵一些常见的化学元素。面对这些乱七八糟的化学元素，我真心觉得很头疼，但还是勉强背诵了下来。

第二天，当在教室门口看到黑板上都是数学图形的时候，她的表情就僵掉了。她斥责我们为什么没有人擦黑板，我们也因此记住了每次化学课前都要为她擦好黑板。

“正前负后和为零”，那天，她为我们讲化合价。她列举了一些常见物质的化合价，把我们着实吓到了。我记得，她让我们写某种物质的化学式，结果有人把氧元素写到前面去了，更多的人忘了把化合价配在一起了。而铁有两种化合价，就更令人头疼了。但最终我们还是乐在其中，沉浸在化学这个美妙的世界里。

后来我们就学得越来越高兴了。郑老师为我们带来一堂堂有趣的化学课。“猜！碳酸钙高温分解的产物是什么？钙？金属都有金属光泽，可是这里却没有，所以，猜错了……”“平常能获取二氧化碳的化学反应，你们能说出几个？哦！呼吸……”同学们在笑声中上完了一堂堂化学课，对郑老师更是十分喜爱。

黑板上，留着的是我们梅老师题的一句句古文，是我们胡老师写的一句句英语谚语，是我们刘老师绘的一幅幅精准的几何图形，是我们徐老师画的一幅幅力的示意图，是我们孙老师做的一道道浮力原理例题，是我们郑老师给我们讲的一个个化学元素。而此刻，我们就要离他们而去了，我们马上就见不到他们了！

他们将永远成为黑板上的记忆。

中考前我还在思考，在那里，会有熟悉的老师为我们送考吗？会有老师向我们投来鼓励的目光为我们加油吗？会有同学互相加油鼓劲共同学习吗？

当我们考完试，结束了谢师宴，完成了毕业典礼，真正道别的时候，我还会像今天在班级里那样欣喜若狂吗？老师们会潸然泪下吗？同学们会涕泗横流吗？大家会紧紧相拥吗？大家还会再拍合照吗？

学校里的老树死去了，但学校里的师生情却永远没有终止的时候。

想到那最后一次秋游，想到那最后一堂语文课，最后一堂数学课，最后一次英语默写，最后一次做物理卷子，最后一次听郑老师分析题目，我早已热泪盈眶。我不敢想象，当我参加毕业典礼时，我会不会真的在会场里流下我很少流下的眼泪？

吃完学校里最后一顿午餐，上完学校里最后一堂课，最后一次打扫完教室……本来熟悉的一切，此刻为什么写得我热泪盈眶？

当我们毕业离开，老师们去教下一届学生的时候，他们是不是还会笑着对学生说“随便坐”？是不是还会向学生介绍自己的英文名叫 Leslie？是不是还会给学生发那些像扑克牌一样的小纸片？是不是还会告诉学生“物理是研究力、热、声、光、电的学科”？是不是还会告诉学生高锰酸钾中的锰是 +7 价的？

等到我们离开这熟悉的一切，远走高飞，不知道下次相聚会是什么时候。

终于，我回到房间，我准备开始复习了。

翻着我那杂乱不堪的书架，看到一张班级毕业合照，同学和老师们在刺眼的阳光下好像都睁不开眼睛了。

“你们……样子好搞笑啊……”

音乐随机播放到了《Yesterday Once More》。

想到这里，几滴眼泪不知怎么就滴在了这张照片上。

作者学校：上海市田林第三中学

邂逅·洛阳

童秋实

天宝三年，我落榜后决定在齐赵一带漫游，回想那时可真是“放荡齐赵间，裘马颇清狂”。也就是在那一年，我遇见了他。

当时我正值血气方刚的年纪，“性豪业嗜酒，嫉恶怀刚肠”，却没在科举考试中中第，这让我颇有点怀才不遇的伤感。我便带着“致君尧舜上，再使风俗淳”的抱负周游各国。

同年四月，在洛阳某酒楼门前我偶遇一白衣中年醉汉，那斯满身酒气，坐在地上，衣冠不整，脸色通红，神志不清。我见那人坐在门前也不是事，自己受了寒生病不说，还影响人家做生意，便把那斯抬回了住处。

次日，那醉汉醒来，酒也醒得差不多，我帮他倒了杯水。他见我走过来，脸上挂着笑：“这位兄台，昨日是你把我带回来的吧！怎么称呼？”“在下姓杜，名甫，字子美。”“多谢了，以后有缘自会相见。”笑罢，那醉汉起身，整理好衣物便准备离去。我忙问：“敢问……”我话还没说完，他就接了下去：“差点忘了，鄙人姓李，名白，字太白。”待我回过神，他早已离去。等等，他方才说他是李白，那个放荡不羁、不可一世的李白，我虽也曾听说皇帝赐金放还了李白，可从未想过会在洛阳遇见这位大诗人。

一日，我又路过那酒楼，本想进去买壶酒小酌两口，却见一位白衣男子坐在楼上那桌独自饮酒。我轻声上楼，坐在他面前：“李兄可还记得我？”“记得，记得，那日把我从酒楼门前带走的就是你，还没好好向你道谢。你这顿酒钱我请，怎样？”“那自是甚好不过，你真是李白？”“怎的？小兄弟，你认得我？”我神情激动：“大诗人李白，当今谁人不知，谁人不晓？”“贤弟说笑了，大诗人又如何？还不落得个人到中年却无官无作为。空有一身才华又如何？还不是只能坐在这喝酒。也是，你还太年轻。”“就算如此，那也只能算是养精蓄锐。如果，朝廷之中有贼臣乱党，那我也必定会尽我所能效力朝廷。”“好一个养精蓄锐，贤弟果真是人才，想必汝在诗歌方面也造诣匪浅！”“李兄说笑了，鄙人，只是略懂皮毛。”“贤弟谦虚。”我俩望了望彼此，都笑了起来。

自在洛阳与李白相见之后，我与他成日饮酒作诗，畅游齐鲁，访道寻游，活得好不痛快。我与李兄意趣相同，他待我情同手足，我与他感情甚好，就如“醉眠秋共被，携手日同行”般。

次年秋，我将西去长安，而他则准备重游江东，我们在兖州分手。他对我说：“这天地之大，再不闯闯，怕是有生之年无望，吾去也！”是啊，我也得走了，去闯闯。再见，或许明天就见，又或许再也不见。

后会有期。

作者学校：上海市民办新北郊初级中学

忆项城

马　越

在灯火通明的夜里，想着远在北方又近在心上的家乡，我的心里像家乡的夜一样沉静。

我的家乡在河南周口，在一个慢而丰富的小城，它的名字叫项城。它是我寄存着思念的地方。

因为一家人都在上海生活工作，所以真正回老家的时候只有春节了。“越越，今年春节回来吗？”“那当然，我的暖宝宝都买好了呢！我要回家去吃烤面筋，舅妈小区门口那一条道上有一家卖面皮的，可好吃了……”这是我和奶奶的对话。

记忆中最早回老家于庄的时候，我大概三四岁。那时，小姑带我到处上人家家里玩。还记得，有一次我拿着庄里幼儿园发的染上红色的草莓糖，走在泥路上，快乐极了。那插着糖的棍子上有一个小口哨，我一直珍藏着。

两三年前回到家乡，汽车少，多的是三轮车和电瓶车。在冬天的早晨去赶集，人们会把三轮车的内部弄干净，铺上毯子，再盖上被子，最后再放几个靠枕。驾车的人会用粗犷的声音喊着“扶好喽，咱赶集去喽”，随即，踏着地上红色的鞭炮皮离开家。

项城的集市没有那么中规中矩，大路边都会有小推车在摆摊卖东西。在项城有一条街，两边是商店，中间一长条都是在小推车里卖的小吃。烤面筋、土豆串都是比较盛行的，还有只此一家的咸香大饼。除了这些，我最爱的就是在三姨家前面摆卖的那个小推车，它挂着喇叭，喇叭里一直响着“甜粽子，豆腐脑呦，甜粽子……”记得第一次去买的时候，那个阿姨向我说：“妞，要啥？”“一杯豆腐脑，一个绿豆沙粽子。”“我没有零钱可找了，妞，来，我再给你个绿豆沙粽子吧，来，拿好啊。”为什么到现在为止，我还觉得这是最好吃的粽子呢？

“8路公交车开往莲花宾馆，下一站老桥……”我闻声坐上公交车，找了一个位子坐下，人们各自在聊着，都是地道得不能再地道的家乡话，听起来是那么舒服、动听。“师傅，人民医院可停啊？”“你要停俺就给你搁那儿哈，等会儿到了俺叫你。”“中，谢谢哈！”很普通的话语，但因为是河南话，所以有一种没法被代替的味道。

回到于庄时，空中已是一团残阳了。老家的私宅有点像北京的四合院，中间是水泥地，三周为平瓦房，但我家的庭院里有一块菜地，此刻奶奶正蹲在那里择菜。她笑呵呵地冲我说道：“回来啦，里头有我刚炸好的麻叶子，快去吃吧。”“好！我要多吃点！”因为奶奶炸麻叶子可是全村庄响当当的呢！

晚饭时分，天空中的几颗星子露面了。我端着放了大甜枣的稀饭，拿着小板凳坐在庭院中。夜，是安静的，是柔和的，是暗黑的，但这样的夜却令我心生欢喜，令我向往。沉浸在大片漆黑和几颗星子间的我是自由的，是与天地接近的。

在上海的我，离项城离于庄如此远。许多个无风无雨的夜晚，我总抬头望向天空，心里默念着：今晚，家乡的夜空，又会有几颗星子呢？

作者学校：上海市罗南中学

书香四溢人如玉

姜琦暄

书，是清晨的一缕阳光，照进了我的心田；书，是淡淡的花香，幽幽暗香透进了我的心灵；书，是一杯苦涩的咖啡，让我在香浓中品味人生的多姿……

一本书有一个故事，一个故事叙述一段人生，一段人生折射整个世界。读书是一种充实人生的艺术，没有了书的人生就像空心的竹子般空洞无物。书中充满了财富，正如古语所云：书中自有黄金屋，书中自有颜如玉！一点一滴积累，你就会发现自己是世界上最富有的人。

从幼儿时期妈妈每晚的睡前故事，到儿童时期家中的读书角，到现在幽静的书房，这些年在父母的关心下，我的读书“领域”不断发生着变化。渐渐地，我发现，随着年龄的增长，家中的书籍也在发生着微妙的变化：从儿童画报、拼音图册，到儿童文学、唐诗宋词、天文地理、哈里波特，到现在的高尔基、鲁迅、冰心、茅盾、三毛、龙应台、林清玄……

读书是一件莫大的乐事，也是一种学习的过程。我在书中领会做人的道理，理解生活的意义！

小升初时曾读过一本非常优秀的文学作品《我要做好孩子》，我非常喜欢这本书，至今记忆犹新。主人公金铃，与我那时的年龄段是非常相似的，在她身上发生的种种“状况”，让我仿佛看到了自己的影子。比如减肥，妈妈曾经一再强调我太胖了要减肥，得到的结论是我必须少吃荤菜多吃素菜，还必须杜绝一切垃圾食品；又比如考试，每次考完试回家，妈妈都会“关心”我的成绩，我每次考试，她比自己当年参加高考还紧张；还比如升学，我当年小升初时，搞得家里的气氛每天都紧张兮兮的……书中说："好孩子的内涵太丰富，他不全是由100分组成的。"我很喜欢这句话。人是平等的，好坏不完全取决于成绩，而是取决于平时生活中点滴的表现。多做好事、有意义的事，受到大家的欢迎，得到大家的肯定，这些都是好孩子的表现。书中最令我感动的是金玲的一段话："老鼠太可怜了，没有人喜欢的动物活得太委屈了！因为我就是可怜的老鼠，我们班的好同学胡梅、刘亚茹就是讨人喜欢的猫！"坏孩子往往被父母和学习好的同学歧视，时间长了就会觉得自己被父母和同学孤立，失去学习的信心，导致成绩下降，厌倦学习，很有可能会走上歪路，到那时父母后悔都来不及。而所谓的好孩子在不断增加的各种压力中也会变成坏孩子，压力大了难以承受，离期望越来越远，所以叛逆了、堕落了、迷茫了、颓废了……因为期望所以失望，因为失望所以绝望；因为是好孩子，所以放弃了自己的坚持、在人前只能展现伪装后的自己、要时刻按照父母规划好的路线"行走"……昨日的夕阳虽然美丽，但今日的初阳更加辉煌！

近期读了不少书，然而我最喜欢的却是林清玄的散文集。细细品味，它蕴含了深刻的人生哲理。有句话说得好："细微之处见精神。"林清玄的文章正体现了这一点！细节微小而细致，在现实的竞争中从不会叱咤风云，也不会捧吹策略，但是细节的魅力却如春风化雨润物无声。《挑水肥的人》中有这样一段描述："这世间的每一个众生，彼是人子，亦是人父，应善待之。"在这个世界上，每一个人都是父母的孩子，也是孩子的长辈，我们应该有礼貌、善良地对待每一个人。挑水肥，现在似乎已经不复存在了，但在20世纪70年代却是常有的事。而现如今，类似的职业在社会上也不少，又有多少人去真正"以善待之"呢？这就是人性的体现！在林清玄的书中还有这样一篇文章——《咬舌自尽的狗》。这篇文章描述的是主人嫌狗烦，就跑大老远把狗放生掉，然而狗却在风雨中、山野里奔跑寻找了一个星期找到主人家，主人非但不怜悯，反而再次将狗放生，狗低声号哭后不得不咬舌自尽！在现实生活中，有情有义的人被无情的人背叛，似乎已经成了家常便饭。换一个角度讲，我们总认为人类要比动物有灵性、有感情、有智慧，可动物总是用它们最真挚的依赖与信任，甚至是生死诀别向我们证明——它们也有爱！它们也有被抛弃、拒绝、背叛后的伤痛和绝望！这便是文章的精髓之所在：世间万物与世间生灵都是一样的！诸如此类感悟还有很多，如《黄玫瑰的心》使我感悟到，一个人从少年时就得充满斗志，否则就会错过开放的时节；而青春则是最名贵的花，不去好好珍惜就会凋零。这正显示了生命的哲理——于平凡中见真谛！而《过火》中这段话令我沉思良久：“人生的火一定要过，情感的火要过，欢乐与悲伤的火要过，沉淀与激情的火要过，成功与失败的火要过。”这段话包含了很多含义，在人生中我们难免会碰到各种各样的“火堆”，它们看似不可越过，但正因如此我们才更要迎难而上！这使我们不仅有了勇气，还比别人快了一步！林清玄的散文每一篇都饱含了人生的哲理，读完之后让人内心深受震撼！

清风明月之夜，一卷在手，纸页沙沙，书香缕缕，兴起而读，兴尽而止。读书于我而言已不仅是为了开阔视野，增长才识，而且是一种心灵的慰藉，是一种享受。读书是为灵魂寻找镜子，我们应该用心去领会书的思想内涵和精神实质，并用以洞照灵魂与心智。

作者学校：上海市嘉定区杨柳初级中学

我是谁

王 晳

一年又一年，斗转星移，花开花落；一年又一年，我们终于长大，但也即将老去。我不禁要问自己一个问题："我是谁？"

在很久以前，我曾经认为朋友是可以携手共度一辈子的，但被朋友深深伤害后，我不再相信友谊的真挚与美好，一夜之间，我变了，仿佛长大了许多；在很久以前，我曾经爱过一个男生，但在他离开后，那种情窦初开时的怦然心动离我而去，一夜之间，我变了，仿佛长大了许多；在很久以前，我曾经为了一个荒唐可笑的梦想努力过，拼搏过，奋斗过，但在一次次的失败后，我懂得了并非想做就能成功，并非努力就有结果的道理，一夜之间，我变了，仿佛长大了许多。而每一次成长都带来了变化，这些变化或大或小，直到有一天，我发现自己改变了，彻彻底底地改变了。在很久以前，我纯真过，我简单过，我哭过，我笑过，我爱过，我恨过；在很久以前，我为生活拼搏过，奋斗过，也为梦想流汗流泪过；在很久以前，我曾经相信友谊的真挚与美好，相信爱情的纯真与浪漫，相信"人之初，性本善"，相信世间处处充满阳光。但是我长大了，我也变了，变得陌生，变得与之前的自己判若两人。

我变了，变了太多。我长高了，也戴上了眼镜。镜片后的眼眸不再清澈明亮，不再充满孩子的稚气，而是变得冷峻、深邃、含蓄。本来活泼好动的我变得沉默寡言，本来乖巧听话的我变得顽固倔强，本来冲动勇敢的我变得谨慎多疑，本来虚荣张扬的我变得低调内敛。我变得深沉，变得固执，变得孤傲，变得顽固到底故作坚强，变得自以为是一意孤行。曾经的一切在我身上都不复存在。曾经的童真，曾经的简单，曾经的颓废，曾经的甜蜜，曾经的自信都离我远去了。曾经的青涩懵懂，曾经的情窦初开，曾经的怦然心动，曾经那一份真挚的感情，曾经那一份单纯的美好，曾经那一份简单的信任都在我的身上荡然无存。曾经的我喜欢花草的芬芳，但现在的我也开始喜欢鲜血的甜腥。这几年我变了，变了太多，变得连我自己都不认识了。而在悄无声息的改变中我也学会了很多，我学会了见风使舵，学会了伪装与欺骗，学会了冒险与果敢，学会了冷酷与狠戾，学会了享受孤独的勇敢，学会了欣赏寂寞的坚强，学会了轻易地伤害别人，学会了不羁地反抗权威。改变是在一夜之间发生的，改变也是在一念之间发生的，改变更是在不知不觉之间发生的。

忽然之间，我发现我变了，变了太多。镜子里那个天真单纯的小女孩不见了，取而代之的是一个敏感细腻的少年。仿若转瞬之间，我就从朝气变得颓废，从自信变得迷茫，从外向变得含蓄，从简单变得深邃，从幼稚变得成熟。正是因为我变了太多，所以我常常问自己一个问题：“我是谁？”

我是谁？我不知道。

我既是家长眼中叛逆反抗的坏孩子，也是老师眼中积极向上的好学生。我是早春的细雨迷蒙，我是盛夏的骄阳似火，我是深秋的枫叶飘落，我是寒冬的雪花飞舞。我是一条见风使舵的狐狸，贪婪狡黠；我是一匹驰骋原野的孤狼，冷酷嗜血；我是一只搏击长空的苍鹰，敏锐凌厉。我是林黛玉，一朵风中的秋菊，虽然终将凋零化为春泥，但仍一次次用傲骨与命运斗争；我是林丁丁，一朵带刺的玫瑰，虽然天真善良，但也会为了自保不择手段；我是何小萍，一朵卑微的蔷薇，在最卑微的地方盛开，在最恶劣的环境下绽放；我是林云，一朵孤傲的雪莲，在追逐梦想的道路上一意孤行；我是郝思嘉，一朵傲雪的寒梅，叛逆、勇敢、坚强，享受追逐，享受征服；我是程心，一朵远行的蒲公英，怀揣着纯真的梦和希望飞向远方；我是谢木兰，一朵娇嫩的昙花，自以为已经长大，其实还只是一个单纯、不谙世事的孩子。

但我究竟是谁？

曾经我知道我是谁，但是我变了，曾经的我不再是我，我开始变得迷茫。伴随成长，我变得越来越复杂，我变得越来越虚伪，我也变得越来越迷茫。为了那些少得可怜却又可笑的自尊和故作坚强，我开始试着隐藏起自己的感情。我很少再真正开怀大笑或嚎啕大哭了，今后想必也很少会表现出那种痛彻心扉的爱或刻骨铭心的恨了。但是当抑制不住的泪珠顺着脸颊滚落下来时，我不禁会想：这种酸楚由谁来品尝，这种伤痛由谁来承受，这出人生的悲剧又由谁来演绎？很显然，答案是我。

我就是我，一个独一无二的我。

我没有林黛玉恃才傲物的清高；我没有林丁丁天真善良的幻想；我没有何小萍逆来顺受的自卑；我没有林云冷酷嗜血的狠戾；我没有郝思嘉对爱的冷酷与痴情；我没有程心那圣母般泛滥的博爱；我也没有谢木兰对信仰和爱情的热忱与渴望。

我就是我，不是她们，更不是别人。

我就是我，永远一个人，静静地，默默地，孑然一身走在一条注定布满荆棘和艰险的人生道路上，孤而不独。

我就是我，一个聪敏、任性、固执、勇敢、坚强的孩子。我只是莘莘学子中的一员，平凡但不平庸。我们的生活平静而又朴实，这平凡的日子里虽然没有大风大浪，但也有荣辱沉浮、喜怒哀乐、爱恨情仇。我们虽然年少，但我们也常表现出不符合年龄的成熟；我们虽然年少，但我们的世界也充满了勾心斗角；我们虽然年少，但我们也想活出不凡的人生；我们虽然年少，但我们的心中也充满了对未来的憧憬与向往。我们迫切地想要出走、想要离开、想要凭借自己的学识与能力闯荡出一片属于我们自己的天下，想要独自承受一川风雨，想要独自守护一方安宁。我们常常憧憬着未来，想象着有朝一日能够为爱人撑起一片足以承受一切的天，为爱人打造一片足以令他们心安的地。只是我们有着看遍人间冷暖、尝遍人间悲欢的父母，他们总是保护着我们，总是以自己认为对的方式宠爱着我们，但却忽略了我们也想要去拼搏、去闯荡的愿望。所以我们常常羡慕学长学姐们，羡慕他们的自由与奔放，羡慕他们的成熟与自信，羡慕他们能与生活作对、与命运博弈，羡慕他们肆意飞扬的青春，更羡慕他们的玩世不恭和桀骜不驯。而现在，我们还只是孩子，我们还远未长大，我们还不懂爱与被爱，我们还不懂大千世界的千姿百态，也还不懂社会的险峻与丑恶。我们还有太多太多要懂的、太多太多要学的。

但希望在未来埋头现实的道路上，我们也能够有时间仰望星空，有时间问自己“我是谁”。

即便是在我们身处的这个时代，生活也没有完全给予我们掌握自己命运的权利。是被搓扁揉圆，还是随风飘扬，其实并不真正取决于我们，而是取决于机缘巧合，取决于时代。即便我们只是最最平凡的孩子，即便我们不顾一切地去追逐世界，沿着梦想的航迹飞翔也无法从此一路乘风破浪万里无疆，但我们也会勇敢地去追、去闯、去疯、去狂、去躁，去勇敢地活着，让梦想绽放，让人生不再迷茫。

我就是我，一朵不一样的烟火，为生活而奋斗，为理想而拼搏，为未来而战斗，在静谧的夜空中绽放出属于自己的光芒。看啊，那镀金的天空，飘满了绚丽的彩云，那是我们拼搏奋斗的侧影，那就是我们，那就是我。

我们不想要天上璀璨的繁星，我们只想要平凡简单的快乐。愿在未来漫长的人生道路上，我们能够不再迷茫，能够知道“我是谁”，能够活出自己的本色。

作者学校：上海市上南中学北校

夏夜迷茫

◎杨余申

大风涤荡过夏夜的天幕，净得像落了一滴靛青颜料的清溪，团团云纱漫天连连，是人那不得挣脱的温柔乡。

正值八月末，深邃澄澈的夜空下，我常回忆起三年前与她相遇、相伴的时光。

时光荏苒，白云苍狗，现在的我竟也忍不住感叹起世事无常，可是，唯一没有变的，是那酷热无比、蝉声聒噪的夏天。

那年我小学毕业，正逢暑假，我每日也不过是在家开足冷气盖着棉被，捧着冰镇西瓜窝在沙发上看电视度过。这样无滋无味的生活更令我期盼去初中参加军训见新同学。

终于盼来去学校报到的日子，街上人流匆匆，天空湛蓝，少云，刚刷过沥青的路面散发着热浪，闷热潮湿的风一吹来，所有的烦躁总会把人包围，久久不肯退去。

快走到学校了，那条马路我整整走了五年。上小学时每天都要经过。余光一瞥，我恰好看到街边草丛里，躲着两只瘦弱的小猫。一只是纯白色，一只是黑白花色，看起来像是两只流浪猫。

视线里突然出现了一个女孩的身影。

她梳着整齐干净的马尾辫，穿着白衬衫，晨光衬着她的皮肤白皙光洁，她的肩上还背着书包，我猜想她也是来报到的新生。她背对着我，弯腰打开了一个纸袋，然后从里面拿出几根火腿肠，拆开包装放在地面上。小心翼翼躲在不远处的两只小猫见状，只犹豫了一瞬，然后就动作飞快地围了过去。她伸出手，动作很轻地摸了摸小猫的脑袋，引来小猫撒娇般软软的叫声。

阳光透过梧桐树间的罅隙，斑驳树影抖落在她身上。我在一旁看着竟呆住了。盛夏明晃晃的太阳下，她的手指覆在白猫的脑袋上，无比温柔。风静静吹过，吹得她发上的丝带舞动着，像一只翅膀翕动的蝴蝶，停在她的发梢。

我没看清她的正脸，只是仓促记住了那个身影。

校门前挤满了学生和嘱咐不休的家长，走进教室，大多还是些未曾见过的面孔，有些规规矩矩地坐着，也有些认识的老同学三三两两凑在一块儿热切地聊天。我盯着每个教室门口贴着的名单，最终失望而归。

小学最要好的朋友，都被分在了隔壁班。

值得庆幸的是，我在路上遇到的那个女孩，竟也走进了我所在的教室。我内心抑制不住的冲动便是想与她交朋友。

她平时喜欢做什么？脾气好不好？最爱听谁的歌？这些我全部都想了解，却又因胆怯不敢与她搭话，害怕她不理睬我。无论怎样，至少我知道她一定是个心地善良的女孩，初中四年，总会与她相识的。

闷热的教室里，旧风扇转个不停，走廊外更是一片喧嚣，嬉笑声、抱怨声淹没了整栋教学楼。刚在太阳下训练完了一上午，又从操场走回顶楼教室，汗水早已将校服上衣与背脊黏在了一块。本想着去走廊里透透气，却偶然间想起自己的水杯放在领操台边，忘了拿上来，我不禁怨恨自己竟是那么健忘。匆匆跑到楼梯口，却又见到了那个女孩，令我讶异的是我的水杯竟在她手里。

“同学，这是你的水杯吧。”她微笑着，嗓音也是如此甜美动人。

“嗯嗯，是啊，是啊！谢谢，谢谢你帮我拿上来！”我激动极了，没相处两天的同学，竟会记得我的水杯。

“没事没事。这天可热了，咱们还是赶紧上去歇歇吧。”

这便是我和她的第一次对话，后来我知道了她的名字，我习惯喊她阿柠。她大概就是许多家长口中“别人家的孩子”，懂事礼貌，善良热心，字写得与人一样清秀，学习成绩也好。刚军训不久，她就被老师安排为班委。

正值八月末，中午的阳光格外绚丽灿烂，清清浅浅地洒遍校园的每一个角落。我到食堂吃饭的时候，高峰期都已经过去了。陆陆续续有用完餐的学生走出食堂。

我和小学同学小思、小婧坐在食堂的一个角落里解决午饭。

小思扒了几口饭，建议道："哎，后天结业典礼你们打算表演什么节目呀？要不，我们几个一起。"

"行啊，行啊，你也一起来吧！"我兴奋地拉着小婧的手。尽管我知道，她一向不爱凑热闹。

"那好啊，我可以再叫个同学吗？"小婧点着头。

"我能叫上阿柠吗？"小婧问。

"当然好啦，你也认识她？"我说道。

小婧看向我们："她是我远房表妹，说起来我也没见过她几回。"

"那就这么定了，没几天了，好好准备准备。"

想起那日我与阿柠一起表演节目，虽不算最别出心裁，却格外温馨快乐。

那已是我初见她的模糊记忆。后来，我的初中生活似乎只与她一个人有关。我和她成了最好的知己。唯一和她相处的一年里，我从未与她争吵过，一切都是平平淡淡的，如此甚好。

九月的清晨，早上的太阳刚出来，淡淡的光辉洒在学校操场上，洒在还没升起来的五星红旗上，洒在静默而立的雕像上。布谷鸟的叫声，清清脆脆，穿过校园里青青葱葱的枝叶，穿过鸦雀无声的教室，穿过杂乱无章的课本，到达耳畔。

阿柠和我总喜欢早早地去学校，在那人声鼎沸的街上买个煎饼果子或者吃份牛肉面。鸡蛋饼刷了一些辣酱，撒了一把芝麻，再卷上薄而脆的酥饼、清脆的生菜、两片培根或鸡柳，一个个煎饼果子热气腾腾地出炉。酣畅淋漓地咬上几口，我和阿柠便翻开英语书，边走去学校边背着一会儿早自习要默写的课文。去学校总要穿过那条老街，微风拂过，纷纷飘落的叶片带着秋天的诗意和萧瑟。橘黄色的阳光打在一百年前的砖瓦红墙上，映出老树的影子。

我本以为自己与阿柠没有什么交集，却自然而然地与她成了最亲密的朋友，在这漫长的求学路上彼此相伴。我们聊到了最爱看的小说，聊到了彼此的生日，聊到了小学的经历。“再过个红绿灯就到学校啦，听首歌吧。”她的细语飘荡在我的耳边，她轻轻把耳机递给我。

耳机里传出低沉的男声：“雨还在下你仔细听啊，是我的思念滴滴答答。”

每天的午间休息时间，男生们都爱到操场上去打球，女生们也爱到小花园的木椅上坐着聊天玩些小游戏，大家都不爱待在闷热狭小的教室里。而教室恰恰成了我和阿柠休息看书的最佳场所。书静静地躺在课桌上，微风从窗外钻了进来，淡淡的墨香萦绕在鼻尖。阿柠总和我坐在一块合看一本书，微弱的阳光投射在素净的纸上，为书镀上了一层金辉。我们一起重温《安徒生童话》，那曾是每个孩子童年的梦。我们读过才女林徽因一生斐然的诗篇，一句“你是人间四月天”让我们倍感温暖。我们读过《水浒传》，为其中的英雄好汉拍手叫好。这也是我们的共同爱好之一。书香如水习习，如水泛泛，如水柔柔，陪伴着我们，充实着我们温馨快乐的校园生活。

作者学校：上海市上南中学东校

走近水墨画

郭陈叶

"水墨画松清睡眠，云霞仙鹭挂吟身。"

青色的烟雨，几座黑白的房子，翠绿的柳枝无声却又张扬，柳色下是愈来愈淡的篱笆。这就是水墨画，内容充实丰厚，但一张纸、一支笔、一瓶墨汁便足矣。

中国水墨画的特点是近处写实，远处抽象，色彩微妙，意境丰富。可那时年少懵懂的我却怎么也想象不出这远近差距传达的画意。

尽管那时不理解，可我还是很喜欢淡雅的水墨画。特别是吴冠中老爷爷的那幅《黑天鹅》。几根寥寥垂下的丹青色柳枝后是两只高贵的黑天鹅，羽翼丰满，鸟喙鲜红，深邃的黑与几处留白，为它们添上了一丝神秘。一只黑天鹅高高挺立着纤细的勃颈，微微颔首；另一只黑天鹅用喙玩弄着抚过它面庞的柳枝，随性却又不随意的一圈圈灰色的涟漪在它周围泛起。隐隐约约还有一只由简单三笔构成的白天鹅与它们结伴，好不悠闲，好不安逸啊！就好像在绵绵的云朵上休息，就好像被春雨滋润着成长。长方形的宣纸上画的东西并不多，却可以让我欣赏好一段时间。但是渐渐地，我有了许多疑问，两只黑天鹅不就足够了吗？为什么要画三只？景色为什么要一笔带过？

所以慢慢地，我不止步于欣赏，我向着亲身体验前进，我想要了解水墨画中所传达的含义。我想，只有自己画过了，才会懂。

铺平纸张，笔尖沾点墨，我在一张四四方方的宣纸上临摹了一幅吴冠中老爷爷的群船远景。那是他江苏老家的靓丽风景，"苍松茂叶经风雪，笔运挥洒揽乾坤”。画中虽只有点、线、面，可却组成了一艘艘扬帆起航的渔船，它们或刚刚出海打渔，或满载而归，满满的活力与对家乡的喜爱之情溢满了整张纸，“人言落日是天涯，望极天涯不见家”。倏地，笔尖下流淌出对家乡的思念，于是那条思念的长河便化作这广袤无边天空中一群往南高飞的大雁。

我虽没有吴冠中老爷爷那般浓厚的思乡之情，但却有着“爱花常为花留住”的爱花、敬花之情。莲，是我第一次以水墨画形式绘画的花。第一次不知怎的，画出来的莲花东倒西歪，花茎更是显得无力，我想过很多次自己到底哪里没有做好，可是我却始终忘了一点——莲的品质。中通外直、不蔓不枝的莲是纯洁、正直的，它又怎么会枝枝节节、牵牵连连呢？理解了这些，我的莲才像一个傲然不群的君子一般，神圣而不可侵犯。

这时，水墨画已不仅仅是简单的图画了，它既可以传达出画者的喜、怒、哀、乐，又可以展现出画者寄托在画中的优良品质。当然，水墨画更是代表了伟大的中国文化。善于“牵着线条去散步”的德国著名表现主义绘画大师保罗·克利说：“笔迹最关键的是表现而不是工整。请考虑一下中国人的做法。”中国水墨画历来就是“以线造型”。中国水墨画高超的线条表现技巧是至今多数国家绘画艺术中的线条所难以企及的。中国水墨画可真是非同一般啊！

“翠袖擎金盏，香风动宝车。几间莫轻觑，故故薄云遮。”水墨画真是妙哉！妙哉！

作者学校：上海市吕巷中学

静静聆听生命起舞

应时萱

有时
我坐在生命的日历上面
静静聆听
风儿的吟唱
听着听着我居然随风舞了起来

有时
我在一个人的庭院里
轻轻摇落几颗浆果
尝着尝着我体验到了别样的愉悦

有时
我伫足在山涧田野里
默默凝视候鸟成群结队飞过
看着看着
我突然变成了小鸟和它们一起飞

有时
我奔跑在古老森林间
呼吸着杨树榆树柏树的清香
闻着闻着
我感受到森林的变迁和生命的流淌

噢，这就是我
和自己相处的不同时光
有鸟语花香
有溪水潺潺
有面朝山谷
有孩童追逐

有孩童爬过栅栏去摘瓜
有老人在炊烟袅袅中煮饭
有野菊花开放的瞬间惊艳
有阳光洒在我额头斑驳的温暖

此刻我在和自己相处的时光里
静下来，寻找自己
思绪就像爬满苔藓的木头
一片一片呈现在眼前
时而静止时而清晰
我看过印象最深刻的书
我见过记忆最难忘的人
我吃过味道最好的饭菜
我走过人生最坎坷的路

耐心给我讲道理的老师
和我争论不休止的同学
我喂养的那只黑色小猫
街角新开了家听戏茶馆
都在和自己相处的这个午后
在我读自己内心的最好时刻
一幕一幕涌现在我脑海

不管将来我要去向何处
我要成为一个怎样的自己
现在我是最最好的自己
和自己相处是这样美好

我拼博过奔跑过
我泪流过伤心过
我失去过得到过
我安静过活泼过

此刻静下来
静下来吧
我要有足够的时间和自己相处
孩子请慢慢走

作者学校：上海市复旦五浦汇实验学校

温暖

王籽辛

执笔，提气，狼毫在白纸上走转腾挪，所到处翩若惊鸿，提按间力透纸背，勾连时干净流利。这样美的行书。于是我沉醉、沉醉……

“写得怎么样？”我悚然一惊，是慈眉善目的师傅，自己面前仍是一排方头方脑的隶书。“这里不行，太急了，隶书要蚕头燕尾……”师傅为我一一指出疏漏，我垂首静听，心中却翻涌起来。

我爱行书，欣赏它恣意不拘，与中规中矩的隶书简直天差地别。所以，我的隶书江河日下，若换行书，定能改变。这种想法愈加强烈，我终于忍不住打断师傅，一吐为快。师傅扬眉，片刻，狡黠一笑：“不喜欢隶书？我不勉强你，但你再认真写两个月，记住，认真，写完我马上教你行书。”

“中庭地白树栖鸦，冷露无声湿桂花。”现在才初冬，再过两个月，刚好近年关。如此估摸着，我徐徐提笔，翻开字帖。隶书多扁形，横长竖短，要认真写，没一个字是好相与的。久之，我的手指酸痛难忍，又感觉味如嚼蜡。天气寒凉，冷不丁一缕凉风钻入我的衣领，冻得我一哆嗦，手上方寸大乱，辛苦的成果顷刻灰飞烟灭，只能换纸重来。我将废纸团恨恨一扔，若不是它，我何苦在这里挨冻受累？正想发作，一个字却蓦然闯入我的视线。

那是一个平淡无奇的“一”，一笔波横，却一波三折，真如水波横卧。初提毛笔时，正是被它所惊艳，就此久久描摹，一张白纸写得波光潋滟。当初的狂热历历在目，那么，是什么让我爱上行书的呢？或者，行书只是我厌倦隶书的一个借口？

再垂首，端正地一笔一画描摹，不仅仅是字，还有初心。冷吗？似乎不觉得了。专注后，忘了外界，取而代之的是心中回春般的暖意。

窗外，疏梅筛月影，暗香浮动。日复一日的练习中，我渐渐对隶书有了特别的感觉，却说不出是什么。而今天写完手头这张后，我心有灵犀，顿悟：隶书自汉起，上承篆，下启楷，一笔一画引入不张扬，故名“隶”。从前我以为行书是天边掠过的鸿雁，隶书是河边踱步的鸭子。而今我才知行书是出鞘的宝剑，锋芒毕露；隶书则是收鞘的利刃，沉静不语。那时的管中窥豹多么可笑！数九寒冬，我却写得大汗淋漓，洒然不倦，心中对师傅的约定有了答案。

一个月后，师傅似乎早已料到我的反悔，只是笑着为我讲解隶书。此时窗外正是风雪严寒，可我却觉得桂香再次飘来，梅影再次靠来，手中的纸笔霎时有了温度。

美无处不在，却需要开掘，唯有守住初心，才能真切触到。走近你，隶书，也许很长，但我却能感受到暖，最暖的是手，是心，是纸短情长。

作者学校：上海市崇明区实验中学

高中组

《万历十五年》书评

赵珅瑜

当一个人不能做他想做的事的时候，他会怎么办？是屈从现实，还是坚持自己的想法？

万历说："我选择以什么都不做来表达我的抗议。"

本书的最后，作者写道："万历丁亥年的年鉴，是为历史上一部失败的总记录。"

读来实在令人唏嘘，在那个时候人们的生活标准不是统一的，有人以道德为标准活着，有人以法律为标准活着，有人以自己为标准活着，然而无论追求的是德还是理抑或是名利还是自由，没有一个人最后真正得到了自己想要的。

有人活得简单，简单到非黑即白；有人活得复杂，像是张居正这样，渴求名利却也行实事。但妄想通过改变制度来改变风气的，却没有人能善终。

任何人都没法从这场混乱的政局中脱身，无人想到万历十五年中发生的小事最后会导致这个王朝的覆灭。这是再明显不过的"蝴蝶效应"。覆灭源于所有人内心的麻木，想着，不过是我一个人的行为，如何会影响到这个王朝？

可事实是，当大家都这么想的时候，群体的力量就出现了。

申时行一向奉行圆滑调和政策，却没有想到自己随意救下的外来人竟然是努尔哈赤氏。这不禁令人感叹命运的奇妙。事实上，申时行退隐后在自己的著作中对自己实行这样的政策感到非常自信。看似高高在上的皇帝被被儒家思想洗过脑的文官拦下，没有办法给予自己爱的女人一个名分。

在这荒谬的一年，所有看似不可能发生的事情都发生了，而所有合理的做法都被摒弃了。

奇怪的是，这一年发生了这么多不可思议的无法解释的事情，于前是能找到蛛丝马迹的，是由于量变引起了质变。但是在之前量变的过程中，无论是个人还是王朝竟然都没有注意到变化的发生，我想这应当能看出这个集合体是多么浑浑噩噩。

个人与体制的奇妙冲突主要发生在万历与官员（尤其是文官）之间。他们在根本观念上的不同导致他们之间有着不可逾越的鸿沟。他们没有办法互相理解，正如当时往前一百年的官员无法认同他的祖先正德一样。在官员的眼里，身为九五之尊，个人的内心自由和个性特点都应该屈从于礼教。他们甚至像敢死队一般疯狂，时至今日，我仍然不能理解这种前仆后继的赴死行为。

这种个体与整体之间的矛盾导致了一个王朝的悲剧。作者用平实的语言为我们揭示了王朝覆灭的原因是复杂的，不一定是因为一件惊天动地的大事，而是许多件小事重复叠加的结果。一个国家不是一台没有感情的机器，万历十五年，所有人都在机械地推动着这个王朝。国君的逃避，官员的刻板，从那时起就注定了这个王朝的失败。

其实这个王朝原本有拯救自己的机会，但是以礼教为行动准则的官员们被蒙蔽了双眼，他们没有察觉到自己的王朝已经发生了变化，仍然企图以自己的行动准则来保持这个王朝不变。然而人类是在变化中求生存的，如果没有了变化，一个国家、一个民族将渐渐腐朽下去。就像晚清时期“天朝上国”，最终换来的却是列强用火炮敲开大门。

历史的演变总是遵循着一定的规律，天下合久必分，分久必合。万历十五年以及之前，人们企图逃避现实，用执拗想法来阻挡历史前进的脚步，然而这终究是螳臂当车。我们后人将故事编撰成册，也是为了能以史为鉴，不犯前人的错误。不过，历史的有趣之处就在于，人们无法预料到之后发生的事情。

这一年向我们展示了群体的力量是很强大的。法国心理学家古斯塔夫·勒庞曾在著作《乌合之众》中提到，群体的力量导致旧文明的解体。万历十五年，一个迷茫的群体在毫无引导的情况下做出了一个又一个错误的决定，这些决定汇聚成洪流。而所有试图逆流而上的水滴最终都会失败，并与洪流融为一体。洪流是不可控制的，是野蛮的，会摧毁沿途的一切，最终也会摧毁自己。

正是因为“什么都不做”，才会什么都发生，才会成为“历史上一部失败的总记录”。

我希望万历十五年的错误，千万不要再发生。因为如果发生，那将是整个时代的不幸。我希望我们这个群体，不是一个迷茫的群体。我们要摒弃“乌合之众”的身份，不要颓废蜗居，而是大步迈开，深思熟虑。

所有人，都理应向前走。

作者学校：上海市大同中学

散一场步，找一个梦

——读《散步去》有感

袁心扬

都说现代人什么都不缺，缺的就是安安静静过一天慢生活的时间。年轻人每时每刻要么在马不停蹄地争取在社会上拥有一席之地，要么在各种闪闪发光的电子屏前接收着目不暇接的快餐信息。如果要问何时才能慢下来，找个时间放下手机回归自然，一般人一定会回答“改天吧”。或许，只有到了两鬓斑白时，我们才能拥有这份“闲心”。可到了那时，身体上的困难和精神上的贫瘠成了眼前的阴翳，想要品味久违的快乐，已为时太晚。

谷口治郎的《散步去》，或许成了我们大部分人渴望的日常生活。一个人漫步在乡村的小道上，翠绿的田野映衬着古朴的低矮木屋，时而传来飞鸟的喃喃细语，时而与仅有一面之交的路人比赛竞走，时间虽如白驹过隙，但值得去用短暂的一刻消磨。

这是本漫画书，但是我更愿意用散文来称呼它。在我第一次接触这本书时，我惊讶于它的封套上，被水彩晕染成秋天的昏黄颜色，然而拿掉封套的书皮上，装点的是春日的阵阵绿意与交错的青瓦白墙。不同于我所看过的许多实体书封，它用平淡质朴包裹自己，将灵动和趣味藏在心里，只等待读者自己去发掘——就像每一章里主人公的踱步，有时是在春光明媚的上班路上，有时是在假日的漫天白雪里，有时仅仅是在外出买东西的归途中，这些已成为主人公习惯的日常，既是可以静静驻足享受阳光、细雨的闲暇，更是体会人情冷暖的机遇。

有一章中，主人公又一次走在狭窄的街道上，迎面走来一位从容的老妇人，她询问他路该怎么走，主人公回答后目送她离开，却不放心，悄悄地走进一条条窄巷，步履蹒跚地挤到目的地。当两人再次相遇，没有热切的问候，也没有惊讶的感叹，仅仅是四目相对的微笑，仿佛在说“我就知道你会走到我面前”。

我对这一章偏爱有加，不仅仅是因为作者极具戏剧性的分镜，更是因为这一章没有任何的对话，有的只是长巷子和斜阳余晖。或许这样无言的经历反而更能够与我们的现实生活重合，毕竟人类最先触及的不是语言，而是声形。

谷口治郎的其他作品也是如此体现他的价值观的——平淡、真实，勾勒出凡人的幸福，如著名的《孤独的美食家》。这些作品的主人公似乎都有个共同点——看得淡。这与中国古代那些传世诗作所传递的大道似乎也有异曲同工之妙。在小康中的“大同之世”，难道不正是世代中国文人墨客乃至平民百姓所热爱的“经典”？

感谢作者呈现给读者如电影般的创作手法，让我们得以回味近在咫尺的乐与悲，也感谢作者告诉我们，生活就像一杯好茶，甘苦交叠，唯有余香不绝。

作者学校：上海市复旦中学

南京，南京

——读《南京暴行：被遗忘的大屠杀》有感

张忆宁

再一次翻开张纯如女士的作品，是源自 2017 年的一次旅行，目的地：南京。抚摸着暗色略带有折痕的封面，周身是秋夜特有的深沉。

翻开书页，一字一句，没有停顿。读罢，我没有流泪，只是久久沉默。窗外，细密的雨裹挟着飒飒的风，中间又夹杂着阵阵的雷，从远方传来，恍惚间似听到了压抑又痛苦的呐喊、尖叫、哭诉、呻吟，竟是要将我拖入无尽的深渊，随后又是一片可怕的寂静。

毫无悬念，这又是一个不眠之夜。我自然而然地想到了南京大屠杀纪念馆。

中午的太阳煌煌地照着，天却是金属品似的冷冷的白色，像刀子一般割痛了眼睛。刻有“遇难者 300000”的黑色大理石墙绵延数米，六周的炼狱印在硕大的十字架上。一个个雕塑或匍匐或跪立，却都是仰着头颅，睁着那一双双失了神的眼睛。眼前是这样真实，周围的人们竟都没了话语。每一年的 12 月 13 日，都会在这里举行南京大屠杀国家公祭仪式，我只是通过冷冰冰的电视屏幕看到了在场的人们那阴郁的脸、缄默的口和噙满泪水的眼。直至今日，我与他们感同身受；直至今日，我仍感觉到 30 万个活生生的人曾在这世上无忧无虑地活着，又痛苦不堪地死去……

警报声在宣布默哀后再一次响起，哀婉、绵长、如泣如诉。幸存者席位上，耄耋老人们无一不紧锁眉头。屈辱的历史渐渐远去，可这些老人们却终其一生都被那六周的噩梦摧残。他们的眼中有悲愤，有恐惧，得到了日本政府的道歉又怎样？能够挽回一夜之间便支离破碎的家吗？能够换回几十年前本应幸福安康的家吗？而反观现实，那句“对不起”迟迟没有出现。

望着灰色墙上刻满的遇难者名字，回忆起书中的文字：“那个士兵将她杀死并用刺刀剖开她的肚子，不仅扯出了她的肠子，甚至将蠕动的胎儿也挑了出来”“将囚犯钉在木板上，让坦克从上面碾过，还将他们钉在树干或电线杆上，活生生从他们身上割下一条条肉，或者把他们当作练习刺刀的活靶子”……日军的种种恶行被张纯如女士用文字记录下来。她四处奔走，收集资料，亲自上门拜访幸存者。令她心如刀割的是，这些可怜的老人至今仍悲惨地过生活，没有得到任何赔偿，孤零零地居住在如垃圾堆一般的房子里。张纯如女士懂得，每一次让这些老人回忆多年前的噩梦都是将已结痂的伤口再一次扒开，露出血淋淋的现实，但她更懂得，如果所有人都选择遗忘痛苦，则是对这些老人和无数冤魂最残忍的伤害。

索尔尼·仁琴曾说：“总盯着过去，你会瞎掉一只眼；然而忘却历史，你会双目失明。”历史，本是一个充满了神秘色彩的词，可对于南京，历史却是战争的硝烟与鲜血的漫灌。历史让它变得阴森可怖。我总忘不了，黑白照片里日军手里拎着的头颅上那再也合不上的双眼；我总忘不了，《金陵十三钗》里她们娉娉袅袅的倩影，褪去了浓妆，削去了长发，换下了旗袍，抱着琵琶，唱的那最后一曲《秦淮景》……这本如警钟一般的书，时时刻刻提醒着我：有些屈辱不能忘……

我再一次捧起这部历史回忆录，再一次感慨万千。八十一年的光阴，让南京城重新焕发生机，温暖的阳光年复一年地光顾这片土地。暗淡了硝烟漫漫，远去了号角铮铮。土墙上的灰尘和血迹被洗去了，长江中被鲜血染红的水已被大自然清洗一新。而一张张日本士兵狰狞嗜血的恶心嘴脸，一声声南京城百姓被折磨致死的凄惨嚎叫，一道道被刺刀深深划入皮肤的伤口，早已成为我的梦魇。我仅仅是个普通的读者，而张纯如女士竟是一字一句将其记录，我不知她是如何坚持下来的，我也不敢知道。

那年乱世如麻，愿你们来世锦绣如华。愿南京，不再有阴天。

作者学校：上海市市北中学

格桑花开　信仰不败

——读《当兵走阿里》有感

闫若伊

提起阿里高原，我的脑海中便会浮现出这样几个关键词——寒冷、贫瘠、缺氧、艰苦……当然，还有顽强生长的格桑花。不过，生活在平原城市中的我，很难想象戍守在阿里高原上的人们的生活。然而，当我信手翻起这本不算太厚的《当兵走阿里》时，我的心灵却受到了一次又一次的震撼——

2011 年 3 月 11 日，驻阿里某部主任耿显峰，归队途中，不幸遭遇车祸死亡，32 岁。同车 16 人死亡，26 人受伤。

2012 年 1 月 23 日，阿里军分区医疗站三期士官谢晋，回乡探亲途中，不幸遭遇车祸死亡，27 岁。

2012 年 11 月 12 日，阿里军分区扎达县武装部干事李立伟，心源性猝死，32 岁。

……

写在自序部分开头处的，不是千篇一律的抒情，不是单调冗长的叙述，而是血淋淋的事例，让我不觉为之一颤——高原，果真是世间险极的生命禁区。然而让我更为震撼的，是作者汪瑞曲折离奇的经历和坚韧如格桑花的精神——

她罹患绒癌却幸运治愈，生活安逸却走进高原，成为特高海拔区的第一位心理咨询师，在高原生活 14 年，与死神擦肩，饱尝风霜苦难，伤痕累累，更曾以泪洗面，但最终却深深爱上了这被自己无数次诅咒的高原。

作者并非孑然一身。她上有高堂，中有丈夫，下有幼子。为人子女，本应常伴父母身侧，可是她不能；为人妻子，本应与丈夫长相厮守，可是她不能；为人母亲，本应时时照料幼子，可是她也不能。多少次短暂相聚后长久分离，多少的牵肠挂肚、无奈不舍。这样的骨肉亲情、这样的刻骨爱情，令我为之心痛，更令我为之动容、为之震撼。

我曾百思不得其解，究竟是什么支持着一个女子舍下无限牵挂，生活在这贫瘠险恶的高原？当我读罢这本书时，我似乎有些明白了——

这个世界上，有一种情怀，远远凌驾于亲情与爱情之上，值得人们穷尽一生、付出一切为之奋斗，它，就是信仰。戍守在祖国边疆，无怨无悔，满心热忱，这就是作者的信仰，这也是无数戍边战士们的信仰，这更是千千万万华夏儿女的信仰——为了祖国，奋不顾身，舍小我，为大我。这是真正的军魂，这是真正的中国人，这更是真正的华夏精神！

缓缓合眸，我仿佛看见了那连绵的群山间竟有一片绿茵顺着开阔地铺向遥远的天边，一片片金黄的娇小花朵点缀其间——那是严冬过后格桑花开时的风景，说不上惊艳，却有着非比寻常的美丽。

——格桑花开，信仰不败！

作者学校：上海市曹杨二中

活着的姿态

——读余华《活着》有感

刘之源

“活着”这个词，可以很小，也可以很大。苟且偷生，是活着；铁骨铮铮，也是活着。究竟怎样的人才算是真正意义上的活着？我试图为“活着”这个词找到一种恰当的诠释。

在阅读余华的《活着》之前，我曾猜想过他会讲述一个怎样的故事。我猜，主人公应是一位传奇人物，拥有波澜壮阔的一生，拥有豪情与热血，拥有不屈的傲骨。我想，这才配得上这重重的“活着”二字。可是我错了。

主人公福贵的一生坎坷跌宕。他并非什么大人物，不过是动荡时期的一个普通农民、一粒渺小尘埃，或许他的悲剧经历正是千千万万老百姓生命轨迹的缩影。他没有伟大的梦想，没有舍生取义的家国情怀，更没有值得久久歌颂的英雄事迹，但当余华将他的一生用举重若轻、平淡朴实的笔法娓娓道来时，他的生命竟给人带来无限的冲击、感动与震撼。

“活着的力量不是来自于喊叫，也不是来自于进攻，而是忍受。去忍受生命赋予我们的责任，去忍受现实给予我们的幸福和苦难、无聊和平庸。”作者在自序中写的这段话，使我对“活着”的概念有了新的认识。

原来活着，是去忍受命运的一切馈赠。《活着》中的福贵，一生经历了无数大起大落，家境的没落、战火的洗礼、饥荒的煎熬、身边亲人相继故去……处于风雨飘摇的年代里，他的“活着”只能是苟活。就是这种苟活，让人感受到了生命的韧劲。这种韧劲存在于日复一日的艰苦劳作中，存在于吃饱穿暖、家人安康这最平凡质朴的渴望里。“只要想着自己不死，就死不了”，这句直白的话语背后，是底层劳动人民面对世事无常最卑微无力的忍耐与承受，更是他们被命运的巨浪一次次掀翻后踉跄站起的朴素的执着。他们或许不曾思考为何而活，“活着”本身，于他们便是一种高尚的信仰。

所以当年迈的福贵牵着老牛哼着歌谣，走在夕阳西下的田埂上，我感到他的生命无限延伸，感到“活着”的力量。我想象着他的模样，那黝黑的面庞上的皱褶里，应藏着历历往事酸涩或甘甜的回忆。别人眼中他的一生是充斥着不幸与灾难的一生，可他自己从未这么想——“他是那种能够看到自己过去模样的人，他可以准确地看到自己年轻时走路的姿态，甚至可以看到自己是如何衰老的”。从他的叙述中我读到温情和感激，我看到一个苍老却鲜活的灵魂。

原来“活着”，是对自身生命的感受与态度。只有你自己，可以定义你生命的价值。“我想想自己是该死却没死，我从战场上捡了一条命回来，到了家龙二又成了我的替死鬼，我家的祖坟埋对了地方，我对自己说：‘这下可要好好活了。’”他从不幸中发掘幸，尝过苦痛却依旧对生活怀揣向往与希望，无论别人如何用“同情、可怜”的目光看待他，他始终给自己的生活充分的尊重与热情。这是福贵教给我的：“活着”无关他人，只在于你自己。

现在的我们生活于一个和平富裕的时代，那些苦难与悲剧似乎离我们这一代人很遥远了。《活着》让我对祖父祖母那一代人的生活有了一个直观具体的认识，此时回看当下，无限的幸福与感激涌上心头，随之而来的是一阵羞愧：曾经因丁点挫败流下的眼泪，显得无比矫情和软弱；自以为是的坚强与毅力，显得可笑而愚蠢。我想我们真的没有什么理由不好好活着。

“活着”二字的力量，不是我只言片语可以说尽的。那么，究竟怎样才算是活着的姿态？我心里默默有了答案。

“活着”，是与命运为友，坦然接纳它的给予；“活着”，是与自己作伴，亲自品尝人生百味。

作者学校：上海市控江中学

苏东坡形象的建构

黄怡雯

论起中国古代的大文豪，苏东坡绝对算是其一，他的许多作品被传颂至今，而论其思想，他也是融合了儒、释、道三家，是“用之则行，舍之则藏”的现实典范。而古今中外，也有不少文人从不同的角度来评价他。王国宪在《重修儋县志叙》中评价苏东坡“以诗书礼乐之教转化其风俗，变化其人心，听书声之琅琅，弦歌四起，不独‘千山动鳞甲，万谷酣笙钟’，辟南荒之诗境也”。作家李敖评价苏东坡虽是达者，“但他的思想水平只是超级文人式的，最高境界止于《赤壁赋》，并没有思想家式的细腻与深入”。国学大师钱穆说：“东坡诗之长处，在有豪情，有逸趣。其恬静不如王摩诘，其中恳不如杜工部。”不同文人对苏东坡的评价，虽各有不同，却又见解独特。当然，在不同文学作品中，作者对于苏东坡形象也有着独特的建构。

在余秋雨的《苏东坡突围》那一章节，他对于苏东坡形象的建构全然不同于林语堂在《苏东坡传》里所展现的人物形象，林语堂笔下的“乐天派”苏东坡在余秋雨笔下真成了“文化苦旅”。余秋雨讲述了苏东坡因乌台诗案被贬入狱后遭受的种种折磨，以及那些小人是如何断章取义、诬构陷害苏东坡的。苏东坡从原先的坚持固执，到后来的屈打成招，无不在人的心里落下沉重的一笔。而林语堂对苏东坡这一生详尽的叙写，让读者们读到了一个天性豁达、诙谐幽默却又豪情万千的诗人形象。除去这二人对苏东坡形象的建构，文学家胡兰成在一篇文章里所提及的苏东坡形象又变得大不相同，他将他们二人建构的苏东坡形象看作

“情”，而他所提倡的苏东坡形象则是“知”，这是他个人对苏东坡情感寄予的摒弃。他以一种全新的思维来剖析苏东坡。这三人的观点看似各不相同，但我认为这其中都可化为苏东坡形象的一部分。林语堂心中的苏东坡作为旷达乐观的中国古代文人形象代表，“诗性还原”为我们展现了苏东坡可爱的一面，他所遭受的苦难与挣扎，并不影响他的乐观与豁达，所以轻松带过。但他所经历的坎坷与困难，都是其思想不断变化与提升的基石，不了解这些，也就不能了解完整的苏东坡。而胡兰成的苏东坡形象建构，以理性为主导，对情感的摒弃也是如此。这是对苏东坡形象的客观理解，确实需要。但对于这样一位文学大家来说，他的一生跌宕起伏，心理也许是复杂多变的，我们虽未生于当时的年代，但从他的作品中或多或少也可以体悟其中丰富的情感。都说一千个人眼中有一千个哈姆雷特，而要建构苏东坡这个距离我们已年代久远的文人形象，情感的了解与渗入也必不可少。

据此，我认为苏东坡的形象应该是感性与理性的结合，他有着对官场浮沉的迷惘与思索，有着对人间百态的喜爱与迷恋，有着对山水自然的热爱与寄托，有着对宇宙万物的客观思索，有着对人生苦难的挣扎与蜕变，他的人生是一个不断经历与变化的过程，如同每个人所经历的都是变化多端的人生，而他的生平以及留给后人的诗文中的“情”与“知”就在这其中体现。我们依据这些建构出一个有血有肉的人物形象，而正因为每个人的感觉不同，建构的人物形象也不同。因而，理性的部分来自于真实的苏东坡，他的诗文，他的人生经历，他的情感等，感性的部分来自于我们所认识的苏东坡，我们从他的作品里面感受到的，我们所认为的。理性上的客观存在、感性上的情感认知使苏东坡的形象更加贴近人的内心。通过不同的人对于苏东坡的不同解读，我们才会渐渐了解苏东坡的人生历程和心理变化。

作者学校：上海市吴淞中学

目送

严诗卉

《目送》是我国台湾作家龙应台继《孩子你慢慢来》《亲爱的安德烈》后，再推出的一部思考“生死大问”的作品，是一本感悟性的人生之书，由生活·读书·新知三联书店出版发行。

《目送》这部散文集由七十三篇散文组成，是一本情感性的文集。在书中，龙应台写了父亲的死亡、母亲的衰老和失智，写了对父母的怜惜和体恤，写了兄弟姊妹的携手共行，写了与儿子的离别，写了与朋友之间的牵挂，写了自己在生活中所经历的失败、脆弱、失落和放手，写了缠绵不舍和绝然虚无，写了她一个人走路、赏树、观鸟、拍照等。从为人母后牵着孩子幼小的手、温馨的亲情，到青春后期孩子渐行渐远的背影；从陪着自己年迈的母亲如带着女儿一般游玩，到回忆起自己也曾这般被母亲照顾着，最后在长大成家后离开父母，龙应台娓娓道来这其中的故事。

外人对她的评价多为笔锋锐利，惯于批判外界现实。龙应台在书中却对亲情进行了详细描述，对生活进行了深度思考。我曾多次拜读此书，第一次是爷爷过世后我成为准高一生时，第二次是我曾祖母过世后的暑假里，在骄阳似火的八月，我在外婆家阅读了此书，如今再一次拿起它我已是准高三生了。2018 年暑假我多次与母亲相处，父母在我八岁时离异了，自我长大特别是青春期以后我与母亲疏远了许多，这个暑假我在母亲那里住了很久。母亲与叔叔以及他的女儿住在一起，我初中有个寒假曾在那里住过一段时间，那里有我的房间，之后因为日益紧张的学业我便不再去了，因此那房间成了杂物房。现在我过去一般是在叔叔上班时，叔叔经常上两天休两天，上班时多住公司，我便在那时过去。因此，2018 年暑假我经常背着背包往母亲那里跑，夜晚我与母亲同睡一张床，从开始时有一丝尴尬到渐渐习惯。因为多与父亲同住，他工作繁忙无暇照顾我，因此我小小年纪便练就了一手好厨艺，体重更是居高不下，在母亲那里她总照顾我，提醒我少吃，拉着我外出散步，帮我洗头上药。暑假时我的皮肤病又犯了，双脚上都是溃烂的水泡，脚趾间更是惨不忍睹，就连胸口处也有湿疹，走路洗澡时别提有多痛苦了。所幸的是，母亲认识看这方面病的专家，曾经带我去过，去了那里，用了那里的独门药膏，我的伤口好了许多。

与母亲的相处中，我们之间的关系拉近了许多，我与母亲更多时候如闺蜜一般，每次见面总有说不完的话。母亲读书少，只是初中毕业。但是，她的观念却是十分前卫的，因为父母离异，我对婚姻有恐惧，前段时间，我问她要是我二十七八岁还不结婚她会不会逼我相亲，她说不会。我比同年龄的人早熟，我与母亲间的沟通便与他人不同，母亲对于我的学习没有过高的要求，她总说尽力就好，我的成绩近来还不错。相聚便有分离，每次我与母亲相处的时间只有不到两天，当然，她不加班的话，时间会长一点，但是因为工作日的缘故，她一般晚上要多买菜，把衣服洗干净，第二天一早为我烧好中饭再去上班，时间总是很紧。虽说叮咛了多次，她也知道我对家事十分熟练，但每到饭点她还是会在微信上提醒我注意这注意那。上次我是在周日的下午离开的，母亲送我到楼下的车站，看我上了车她才离开。我是个极为感性的人，虽然已经快成年了，与她分别时我的眼眶还是会湿润。曾经在一次周末我与她碰面时，我也曾目送她离去，那时我发现，在不知不觉中我的母亲大人老了，她的腰有了弧度，和她睡觉时我发现她的头上有了许多白发，她的手掌也粗糙了许多。母亲常说她每次目送我离开时，她眼中的我总是七岁的样子。我五岁时她去了日本，中间父亲常给她发我的照片，其中有一张是我第一次上小学的照片。小小的我背着书包，乖乖走进校门。那个背影可怜极了，记得当时我十分害怕，我的同学多数是父母一起送上学的，我只有一个家长。

想起这些情景，我想到了这本书中的一段话："我慢慢地，慢慢地了解到，所谓父女母子一场，只不过意味着，你和他的缘分就是今生今世不断地在目送他的背影渐行渐远。你站在小路的这一端，看着他逐渐消失在小路转弯的地方，而且，他用背影默默告诉你：不必追。”这段话我读了许多次，我每次读，都会有不同的感受。现在我读这段话，只是觉得我长大了，我应该注意到我身边的亲人在老去，我要抽空多陪陪他们，珍惜与他们相处的点滴，尝试着站在他们的立场，考虑我的话语行为在他们眼中的意义。我想，当我有了孩子，我的孩子与龙应台女士笔下的儿子一般大时，我才能真正领悟到作者想表达的那种感觉吧。

岁月如梭，在时间面前人类太渺小了，快速发展的智能手机正在减少我们与亲人相处的时间。放下手中的手机，来读这本书吧！相信你会和我一样有只属于你自己的感受，但是我想，这些感受大都与亲人陪伴有关吧。

作者学校：上海市朱泾中学

船在海上，马在山中

谢子成

洛尔迦出生于格拉纳达市数英里外的小村庄牛郎喷泉。

我觉得他一生最幸运的地方在于遇到了三个对他有知遇之恩的老师。一个是钢琴师梅萨，一个是里奥斯，还有一个是伯若达。梅萨经常说："我没够到云彩，但并不意味云彩不存在。"他让洛尔迦意识到艺术的本质是死亡的召唤。而里奥斯，唤醒了洛尔迦的社会公正意识。伯若达，带着洛尔迦游遍西班牙，让他完成自己人生中的第一个随笔集《印象与风景》，从而走上了文学创作的道路。

尽管他将自己的处女作称为"外省文学的可怜花园里又一枝花"，但却收获了无数好评。爱、痛苦、死亡是他的写作源泉。他的诗歌，请教了风、土地、大海、月亮、紫罗兰、迷迭香和鸟那样的简单事物。在那样一个时代，作为一个初出茅庐的青年，他成名在望。

无论在西班牙任何一个细微的角落，你都会发现美妙的诗歌。无论当地人知道也好不知道也好，这些诗歌往往都出自洛尔迦。诗歌是一种忧郁的媒体，诗人本身也是孤独的。洛尔迦说："你不能改变我。我是天生的诗人，就像那些天生的瘸子或者美男子一样。"的确如此，在我看来，诗歌是不可能造就的可能，它是看不见的欲望的显性化，是灵魂塑造的肉体，更是一个艺术家深爱的悲哀遗物。

我十分倾心这首《梦游人谣》。也是这首诗，让我试着去了解他，走近他。

绿啊，我多么爱你这绿色。绿的风，绿的树枝。船在海上，马在山中。影子缠在腰间，她在阳台上做梦。绿的肌肤，绿的头发，还有银子般清凉的眼睛。

绿啊，我多么爱你这绿色。在吉卜赛人的月亮下，一切都望着她，而她却看不见它们。

绿啊，我多么爱你这绿色，霜花的繁星和那打开黎明之路的黑暗的鱼一起到来。无花果用砂纸似的树枝，磨擦着风、山。未驯服的山猫，耸起激怒的龙舌兰。可是谁将到来？从哪儿？她徘徊在阳台上，绿的肌肤，绿的头发，梦见苦涩的大海。

——朋友，我想用我的马换你的房子，用我的马鞍换你的镜子，把我的短刀换你的毛毯。朋友，我从卡伯拉关口流血回来。

——要是我办得到，年轻人，这交易一准成功。可是我已不再是我。我的房子也不再是我的。

——朋友，我要善终在我自己的铁床上，如果可能，还得有细亚麻被单。你没有看见我从胸口到喉咙的伤口？

——你的白衬衫上染了三百朵褐色玫瑰，你的血还在腥臭地沿着你腰带渗出。但我已不再是我，我的房子也不再是我的。

——至少让我爬上这高高的阳台；让我上来，让我爬上那绿色阳台。月亮的阳台，那儿水在回响。

于是这两个伙伴走向那高高的阳台。留下一缕血迹。留下一缕泪痕。许多铁皮小灯笼，在屋顶上闪烁。千百个水晶的手鼓，在伤害黎明。绿啊，我多么爱你这绿色，绿的风，绿的树枝。两个伙伴一起上去。长风在品尝苦胆薄荷和玉香草的奇特味道。朋友，告诉我，她在哪儿？你那苦涩姑娘在哪儿？她多少次等候你！她多少次等候你，冰冷的脸，黑色的头发，在这绿色阳台上！

那吉卜赛姑娘在水池上摇曳。绿的肌肤，绿的头发，还有银子般清凉的眼睛。月光的冰柱在水上扶住她。夜亲密得像一个小广场。醉醺醺的宪警，正在砸门。

绿啊，我多么爱你这绿色。绿的风，绿的树枝。船在海上，马在山中。

这首诗首尾呼应，环环相扣，关于绿的主旋律不断出现，贯穿始终，从而推进整首诗。第一段的名句“绿啊，我多么爱你这绿色”，是从吉卜赛人的歌谣中转换而来的，令人警醒。“绿的风，绿的树枝。船在海上，马在山中”，如同切换中的电影镜头，把我们带入梦幻的境地。对吉卜赛姑娘的勾勒，颜色鲜明，“绿的肌肤，绿的头发，还有银子般清凉的眼睛”。第二段再次以“绿啊，我多么爱你这绿色”开头，紧接着是一组奇特的意象，“霜花的繁星和那打开黎明之路的黑暗的鱼一起到来。无花果用砂纸似的树枝，磨擦着风、山。未驯服的山猫，耸起激怒的龙舌兰”。这些意象把梦幻效果推到极致，与本诗的题目《梦游人谣》紧扣。第三段是两个吉卜赛男人的对话。明显带有叙事性，在吉卜赛人的传奇故事中插入了戏剧式对白。这段远离整体上的抒情风格，造成某种间接效果。第四段是全诗的高潮。当两个吉卜赛男人爬上想象的阳台时，先是视觉上，“许多铁皮小灯笼，在屋顶上闪烁。千百个水晶的手鼓，在伤害黎明”；再是重现主旋律，“绿啊，我多么爱你这绿色，绿的风，绿的树枝”；又转向嗅觉，“长风在品尝苦胆薄荷和玉香草的奇特味道”。这一句犹如叹息，但又是多么奇妙的叹息！洛尔迦曾说：“隐喻必须让位给诗歌事件，即不可理喻的非逻辑现象。”在“千百个水晶的手鼓，在伤害黎明”一句中，我们可以看到那些意象，在天使的手中和树上，但洛尔迦不会说太多，也不会解释它的含义，就是那样不可言喻。第五段是虚幻与现实的融合，“那吉卜赛姑娘在水池上摇曳。绿的肌肤，绿的头发，还有银子般清凉的眼睛。月光的冰柱在水上扶住她”。接着梦被突然打破，“夜亲密得像一个小广场。醉醺醺的宪警，正在砸门”。宪警在西班牙，特别是在安达卢西亚，是腐败政治势力的代表。正如洛尔迦以前的诗歌里写的：“他们随心所欲地走过，头脑里藏着，一管无形手枪的，不测风云。”这几句话，触目惊心，把冷酷的现实带入梦中。最后，一切又归于平静，与全诗的开头呼应，“绿啊，我多么爱你这绿色。绿的风，绿的树枝。船在海上，马在山中”。这首诗写得令人如痴如醉。那绿色是永恒的美好，那腥血是永恒的残酷，毫无疑问，但当它们都成了雪花越发斑驳的胶片、回音越发袅远的歌谣时，它们都将随着睡梦流走。

洛尔迦的美在于源源不断的诗意，他有一句广为流传的话：“如果我流落街头，我不会要一整块面包，我要的是半块面包和一本书。”他的伟大，我想就在于他一生都保持的一颗纯真的孩子般的童心。他在过自己三十八岁生日的时候，曾言：“还是我昨天同样的笑，我童年的笑，乡下的笑，粗野的笑，我永远、永远保卫它，直到我死的那天。”在他的一生中，确实如此。他永远是他，纽约的沥青和石油改变不了的他。他作为一个人民诗人，懂得怎么把所有的痛苦、人们承受的巨大悲剧及生活中的不义注入他那具有深刻之美的戏剧和诗歌中。

他最后死得很凄婉。当一颗子弹划破天际射入他的身体，洛尔迦倒在橄榄树林边。但船仍旧在海上，马仍旧在山中，歌谣仍旧延续着……

注：诗歌《梦游人谣》选自《吉卜赛谣曲集》，译者戴望舒，由北岛修改。

作者学校：上海市复旦附中青浦分校

当下的未来隐喻

——读《北京折叠》有感

唐雪宁

村上春树写小说的念头，是在一个下午看棒球比赛时突然出现的，他当时仅想着——“只要把它完成就满足了”。郝景芳开始写小说时，也多半没想过有朝一日会拿到雨果奖。对一个在大学主修物理和经济的人而言，写小说大概是一种娱乐，一种消遣，一种借小说来表达自己的方式。她说，自己写小说只是将其作为一种学习的方法，通过创造一个假想世界，梳理自己学到的知识，思考现实社会的优势与不足，将其在自己的小说中进行调整。

写小说必须有生活的经验和知识的积累。如果要写一篇关于舞蹈的小说，那么作者自己肯定要对舞蹈有深入的了解和体会，否则难保小说里不出现太多谬误。同样，写科幻小说，也不能凭自己的空想瞎编一气。郝景芳毕业于清华大学，本科学习物理，如此想来，理科生写科幻小说，也算是分内的事。

文学作品中有两样东西尤为重要，一是时间性，二是空间性。故事的发展必须经过一段时间，而主人公的活动也必须接触到不同的空间。传统文学作品，往往以时间为主，以空间为辅。一个小说的主人公活动的空间可能没有几个，但经历的时间却很漫长。即使着重笔墨描写空间，也是为了衬托时间。

在《北京折叠》中，空间描写取代时间描写，占据主导地位。碎片化时间在《北京折叠》中有了着重凸显的空间含义。小说中，北京分为三部分，第一、第二、第三空间。随着空间的分裂，在不同空间生活的人们的时间也被打碎。第一空间人们的生活时间为二十四个小时，第二空间人们的生活时间是早上六点到晚上十点，第三空间人们的生活时间是晚上十点到早上六点。我认为，碎片化处理时间与空间，让时间随空间的变化而变化其实是个很有趣的想法。

如关于太阳的不同描写。第一空间（第 3 节），“太阳缓缓升起，天边是深远而纯净的蓝，蓝色下面是橙色。太阳升起时，天的蓝色变浅了，但更宁静透彻”。第二空间（第 2 节），“太阳居然是淡白色”。第三空间（第 2 节），“太阳是昏黄的”。老刀看到了三个太阳，一天当中三个不同的太阳。空间的折叠，使得唯一的太阳被划分为三个，也将对每个人来说一样完整的时间划为不平等的三部分。

作者多次强调时间也表明，折叠城市里每个人的时间都被精确地安排好了，在什么时候做什么事，每个人每一天的时间都被分配好了。下面是第一空间具体时间点的例子（第 5 节）：

“十二点他感觉疲劳，摘下眼镜揉了揉鼻梁两侧。”

“清晨四点，电话又响了。”

“清晨五点，秘书打电话说，材料印好了。”

“清晨五点四十分，印刷品抵达会场，需要分装在夹子中。”

“清晨六点十分，分装结束。”

这也反映出由碎片化时间带来的一个问题：时间贫穷。生活节奏不断加快，让人们感觉时间越来越不够用，生活时间越来越少。生活在第三空间的人，时间贫穷的问题最严重。如老刀每天上五个小时的班，而他剩余的活动时间只有不到三个小时。第二空间虽然较少提到，但从“所有人都小跑着”（第 2 节）以及“不时有人从车窗伸出头，焦急地向前张望”（第 2 节）看出，生活在第二空间的人也处于快节奏生活中。生活在第一空间的人有最多的生活时间，公职人员可能比其他阶层的人工作时间长，但有一些人，例如，街上的华服女子和依言过的是另一种生活（第 3 节），“她不需要上班，可她不希望一个人待在家里，才出来上班，每天只工作半天，其余时间自己安排，可以学一些东西”。生活在第三空间的人，不仅越来越贫穷，连时间都仿佛成了奢侈品。上层居民享受大把生活时光，而底层居民却埋身于工作和学习中，很少能得到私人时间。

郝景芳说，这部小说是对“未来提出的可能性，提出了一种解决方案”。但我认为，《北京折叠》的好，不在于描绘未来，而在于描写当下。小说将城市分为三个阶层，人也好，物也好，各阶层几乎不流通。小说第 2 节中一个叫张显的人这样说：“现在当红人物，都是先在第三空间做管理者，然后才升到第一空间，若是留在第二空间，就什么前途都没有。”

在第二空间生活的人虽没有在第三空间生活的人物质条件那么窘迫，但其实更苦。他们卡在中间，得不到上层的关注与重用，再厉害也只能在第二空间生活。而第三空间的管理者虽有机会进入第一空间，但这些管理者占第三空间人数的比例不足 1%，因此情况并没有多好。生活在第一空间的人大多是公职人员，他们可以通过官方渠道进入其他两个空间，但是程序非常繁琐。生活在第二空间的人大多是学生与上班族，小说中没写明第二空间与第三空间之间是否存在官方通道，但由于两个空间在同一面，可以通过垃圾口跨区。第三空间与第一空间的跨区若不想通过官方渠道，只能在恰好翻转的时机爬墙到达另一空间。有官方渠道，说明三个空间并不完全封闭，但也只有管理人员可以合法跨区流动，平民百姓只能固定在自己的区域内，一旦被发现非法跨区还要承担法律责任。

比起更关注外太空或未来科技的科幻小说，《北京折叠》描写的都是当下较严峻的一些问题。这些问题同时也是社会学高度关注的问题。阶层固化，看似一句发牢骚的话，实际蕴含的信息量却很大。现实中可能没有这么严重，但也开始引起关注。清华大学社会学教授李强说：“唯一可以促进阶层间人口流通的公平竞争是高考，但这还不够，现在有很多社会学家呼吁开展更多类似的项目，让底层人民有机会上一个阶层。”

郝景芳很担心将来底层人民会被强大的科技（如人工智能）所取代。在未来，很多体力性技术性工作会成为人工智能的工作。这在现实中也是意料之中的。例如，电商京东与快递公司顺丰都已启用无人机送货服务。沪江网校已推出人工智能测评个性化课程。这些成果都为我们的生活带来了很大的便利。在将来，我们或许再也看不到快递员跑来跑去忙碌工作的场景，再也不用到学校上学，在家就可以轻松自学课程。但与此同时，快递员和老师该怎么办呢？他们被人工智能取代，失业，接下来的生活难以保障。还有一些像老刀一样的劳动力，他们未接受人工智能使用操控方面的教育训练，面对剧变只会被淘汰。小说中，老刀来到第一空间后，一直处于惊异的状态，简直就像来到另一个星球。第 4 节中作者写道："他才发现有两个小机器人左右巡逻，到了老刀这里，小机器人忽然发出滴滴的叫声，转着轮子向他驶来。他尝试低声对小机器人说话，说他的西装落在里面了，可小机器人只是叫着，什么也不听。"老刀的"低声说"，既有恐惧与心虚的因素，也因为老刀把小机器人当成一个很强大的"人"，他从未见识过这种小机器人，在他眼里，它可能并不只是一个按指令操作的机器，而是第一空间一种独特的生物，因此他会尝试与它沟通，希望得到它的谅解。这也反映了老刀以及其他生活在第三空间的人，受到的教育是极其落后的，就算上层允许他们在第一空间生活，他们也一无是处。

我想，全世界都存在这种底层居民无法跟上时代发展的问题，但因为中国人口数量庞大，问题就更为突出。在上海一类的大城市，教育普及程度还算可以，但在一些偏远城市，人们的文化水平可能就和老刀差不多了。用清华大学伦理学教授万俊人的话来说，改革开放时代发展就如火车在加速拐弯，一些人却连车票都没买上。

郝景芳提出的解决方案是先根据阶层进行空间划分，再缩短部分空间居民的活动时间。这种解决方案并非没有可取之处。像老刀这种长期生活在第三空间的人，很难想象或适应第一、第二空间的生活。如果折叠空间不存在，这种不适应会造成各阶层间的矛盾与冲突，甚至会影响社会发展。让每个人只和与自己同等阶层的人相处，虽然会使阶层固化严重，但也避免了在教育与生活水平差距很大情况下，各阶层间的摩擦、矛盾和冲突。所以，这即便不是最好的方法，也绝不是最差的。它虽暴露了很多问题，却也解决了一些矛盾。

作家村上春树认为，小说家的工作就是不断提出叠加假设，下结论的工作应留给读者。《北京折叠》里面，不管是折叠城市中的时间性与空间性，还是折叠城市中的不同阶层与社会现象，都是作者基于当下堆积出的假设。作者的工作只是在远处旁观、记录并设想。关键在于读者。时间随空间变化是好是坏？人工智能的开发究竟会对当下社会造成多大影响？严峻的社会问题该怎样解决？比折叠城市更好的方法，是什么方法？这些问题，都是作者留给读者的思考空间，等待读者给出自己的答案。

作者学校：上海市格致中学

在新时代散步

张楚楚

早些时候我养成了长跑的习惯，由于我不喜欢改变跑步的路线，一段时间后我认识了叶。她也喜欢跑步，我们很快培养出了深厚的友谊。关于叶，我能说的不多，虽然叶和我一样是高中生，但她时常流露出与同龄人不同的成熟，这使我养成不轻易评判她的习惯。

一天，我跑完步后在河堤边做平复呼吸。这时，一路沉默的叶忽然用一种辩论的语气问我："我在想我们这一代青年人，和以前那些青年人到底有什么不同？"

"嗯……"我想了一会，试探地回答道，"能刷微博？"

叶爆发出一阵笑声："网络的发展确实给青年人创造了认识世界的途径。有人统计过，如今我们一周所获取的信息量，约是古时经济最繁荣地区的人一年获得的信息量。我们像是一个被撑起的气球，接受了以前从未想过的信息量。"

我点点头，没有表现得太过惊讶，实际上她说的话曾出现在我的朋友圈中，不止一次。叶似乎也意识到了我兴致不高，她的侧脸隐在对岸码头的黑暗中。那里曾经是一个玻璃厂，在半年前因为城市规划的问题搬迁了，据说很快会被改建成小区。现在只是一片荒地，杂草长得齐腰高。晚上除了野狗和蝙蝠，没有谁敢去那里。叶告诉我，她看见有一些独立的青年艺术家们早晨在这片荒地里拍照，搞创作。有一幅照片被她拿来当手机壁纸，初生的太阳从黑色的枯草中绽放耀眼的红光，在一片枯槁中燃起新生。

"我认为网络的普及，"叶的话及时插进来，打断了我的思绪，"不仅造成了信息空前绝后的普及，它还塑造了一种新常态。任何人都可以在网络上发表自己的观点，激进的、幼稚的，我们失去了拒绝信息的屏障，书本已经逐渐失去它们作为唯一信息权威的地位，我们接受任何人的观点，同时我们也比以前更加要求平等交流。我们这个时代思想空前解放，而我觉得人类的发展和进步就是一点点地解放精神，解放对这个世界的无知。”

“然而，换个角度想，”叶继续说道，“互联网的发展真的将我们带进一个崭新的时代，我们真的和以前的青年人完全不一样了吗？这些碎片化的信息占据了我们多少时间？这些时间真的被好好利用起来了吗？你还记得你昨天刷的微博的内容吗？”

我摇了摇头：“大部分时间我在手机上所花费的，不过是习惯使然，习惯地刷微博、QQ、朋友圈。但有多少内容我会记住，有多少内容能促进我思考，有多少内容能增长我的见识呢？我觉得连 1/10 都不到。”

叶说：“有网站统计过，中国人一天平均花费四个小时以上的时间看手机，我们青年人花费的时间可能更多，但事实是什么呢？我们根本不需要这么多无用的信息，搜索引擎腐蚀了我们的记忆力。我们把自己暴露在了这种没有壁垒的环境。正如乔纳森·克拉里说的那样，电子产品使得大众变得丧失活力和中庸。在空白时间里，我们习惯了随时进行操作，就好像我们多刷一次屏幕就能逃离令人窒息的乏味。”

叶大声谈论着这些我从未思考过的问题，她的声音被入秋后逐渐转凉的河风吹散。对岸，黑黢黢的码头死一样的沉寂，我瞪大眼睛，也只能看见月亮在河水中歪歪斜斜的倒影。

我说：“但我始终觉得这些变革是好的，就像最开始普及纸张的时候，一定有人质疑纸张没有竹简好，但最后，新的总是要代替旧的，时代的车轮在滚滚向前，难道你要成为不断怀古念旧的迂腐的人吗？”

“哈！我的朋友，你看错我了。”叶大笑道，“我又不是孔乙己，在新的时代，我们青年人要看到好的地方，同时也要学会用批判的眼光去观察世界。我并没有说互联网是不好的，相反，互联网带来的种种问题，不正反映出它是如何改变我们这个时代的吗？”

“我们非但不能去抵制互联网，还要大力发展它呢。2018年《中国互联网络发展状况统计报告》中显示，互联网普及率达57.7%，网民多达8.02亿，增长率达3.8%，这些都说明互联网在国家发展中已经成为一种必不可少的工具，我们怎么能去抵制它呢？”

“互联网虽然存在很多问题，但它也给我们带来了很多科技进步。你能想象偏远地区接通了互联网，正在努力脱离贫困的人们通过互联网了解了这个世界后，会发生什么吗？互联网带给他们的是经济，是知识，是发展。互联网应该是帮助我们走向美好生活的工具，而不是奴役我们的枷锁。”

“正如叔本华说的，平庸者不会因为生于伟大的时代而伟大，而伟人同样不会因为时代而永远地蒙上灰尘。互联网就像一只百宝袋，从里面拿出什么完全取决于自己。当信息不再被禁锢于容器中，它会促使我们思考。我们到底想寻求什么信息？我们为什么要获取信息？这在我们现有的教育中是缺乏的。我们不仅要学会怎么求知，从现在开始，我们还要思考为什么。”

“我们为什么要在互联网上寻求知识呢？这个问题的答案在我看来也是多元的，有些人是为了过更好的生活，有些人是为了成为负责任的公民，有些人是为了终身学习……这些我认为都是好的，只要你在思考，你在对世界产生好奇并且不断求知，人类社会就会因为这而进步。”

月亮升得更高了，我们从小路上拐弯，只见树丛背后万家灯火通明，我向叶挥手告别，叶的背影很快消失在夜幕中。

作者学校：上海市南洋中学

用生命体察自然

陈宇轩

北平的秋天是清、静、悲凉的，更是郁达夫的故都；诺日朗是神秘、雄浑、激情洋溢的，更是赵丽宏心驰神往的地方；瓦尔登湖是美丽、珍贵、极富魅力的，更是梭罗本我的明镜。他们用生命去体察自然的奥秘，找到了属于自己的世外桃源。

而我的世外桃源便是家中的客厅及阳台，在经过严冬的考验后，春天的温暖显得格外值得眷恋。在和风的吹拂下，家中的花慢慢被唤醒了，它们愈发富有生机。那小小的花架上虽只有大约十盆植物，但不经意间的一瞥也总是能给我带来好心情，觉得它们长得格外茂密。倒不是说自己有什么养植秘诀，只因为这是自己养的罢了。所快乐与感动的不单是那植物的生长，更是自己努力的成果。

初春时节花儿还没有完全开放，大部分只是绿了叶子长出来些许新芽，那些新芽隐蔽在众多叶子之中，像襁褓之中的婴孩一般柔弱却惹人怜爱。还有一瓶鲜花是每周送来的那种，虽然品种繁杂又没有好的插花技术，但是看着那五颜六色的花朵，我觉得这就是我心中的彩虹。我最喜爱的是那一株桃花，它的花朵虽不大也没有花瓶中玫瑰的高雅之感，但它总是一簇簇地长，一簇簇地开。它们簇拥在一起，在春风的吹拂下好像一群活泼的小精灵跳着轻快的圆舞曲，那娇艳的粉红色的裙摆起伏荡漾，衬上星星点点的绿叶，正是春天最美的歌舞。

每当心情不好的时候，我总会去阳台逛逛，看着满眼的春意，即使它们不会说话，不会宽慰，但它们总有种魔力可以无声地给我传递希望。在体察自然的过程中，我可以感受到人类最自然的宁静状态，那是一种深处在人际旋涡和奋斗怪圈中所遗忘的自然和真实之感。不再面对手机，不再面对社会关系，不需要去竞争或追求一些虚无的名利，也不需要讨好地展现出自己最好的一面。因为自然、简单、质朴、通透，它是地球上的长者，懂得沉默平静才能得以长存。

无论何人，如果被赋予了体察自然的权利，也就被赋予了获得美的权利，可是现代科技的膨胀发展让大家忽视了人类的根本——自然。整个人类社会变得浮躁，人们心中没有自然的宁静，心理变得越来越扭曲，产生了各种心理疾病，这是没有用生命去体察自然的结果。

请用有限的生命尽可能地体察自然，它会一直等待，你不来，它不走。

作者学校：上海市市北中学

虎门销烟

ꕥ方迩淳

第一幕

旁白：1939 年，整个清朝都笼罩着阴霾，所有的百姓都几近疯狂地陷入了鸦片的漩涡，甚至为此丧心病狂。

【街边一角】

烟民甲（挣扎状）：给……给我……

外国商人（猛地踢了踢脚边恳求一点鸦片的烟民甲）：啊哈哈哈哈，有这鸦片一天，有这样的蠢货一天，我们定可衣食无忧！

（烟民乙大口享受着，闭目陶醉着）

（烟馆里，洋人手握大把大把的银子，张狂地大笑）

（瘫在街边大口享受着这飘飘然滋味的，为了多吸一口而各种哀嚎的，拿着鸦片欢呼的……这其中，数钱数到手抽筋的洋人军官们，他们的声音尤为刺耳。这所有的一切，都看在那个时代少有的理智清醒的人——林则徐的眼中。是时候改变了）

（此时此刻，朝堂之上，又是一场腥风血雨）

林则徐：皇上，禁烟一事刻不容缓，再不行动，只怕整个大清就会成为鸦片的傀儡。

（道光略有所思，同样是尝过这鸦片滋味的人，自然对禁烟一事犹豫不决）

琦善似乎看出了道光的心思，当即反对：大可不必如此决绝。吸食鸦片的人众多，忠良后裔、簪缨世胄、幕友书役、贤媛、孀妇，如果一吸鸦片，即罹法网，将见缧绁之人载道，囹圄无隙地可容，贯索略重，不待部文复转，而瘐毙者已盈千累万矣。

（说罢，琦善沉重地叹了口气，他比谁心里都要没底）

林则徐：皇上，鸦片已开始扰乱国库和货币流通，使经济面临崩溃。许多贵族、官僚、地主吸食鸦片，这加剧了统治集团的寄生性和腐朽性。他们接受贿赂，包庇鸦片走私，用加租增税种种方法，把购买鸦片的花费转嫁到百姓身上，加重了百姓的负担。鸦片削弱了军队的战斗力。清军的将领和士兵也在吸食鸦片。大批“缉私船”甚至变成了鸦片走私船。不仅如此，鸦片的泛滥极大地摧残了吸食者的身心健康，如任其发展下去，必将使中华民族陷入灭亡的危险啊，皇上！

琦善正准备反驳，道光示意停止，郑重其事地说：林则徐！朕命你为钦差大臣，即日起，全面开展禁烟！

（林则徐的心总算定了一点。他深知这次任务，只许成功，不许失败）

第二幕

（龚自珍在得知林则徐被任命为钦差大臣后，第一时间就赶来和林则徐会面。他是朝堂之上少数几个与林则徐志同道合的人）

龚自珍：圣命已经听说了，责任重大啊！我愿一同南下，一旦发生战争，便可即时还击。

林则徐：谢谢你的好意，这趟浑水还是我一个人蹚吧。

（林则徐婉言谢绝了龚自珍的好意。他深知这次行动意义重大）

旁白：禁烟的消息很快传开，众烟商以为钱财能打动新来的钦差大臣，偏这林则徐与历来的官员不同，视钱财如无物，他限定所有烟商三日内交出全数鸦片，并签署切结书，声明以后不贩鸦片。小部分的烟商屈服，交出鸦片，但大部分的烟商，包括官府差役、胥吏查办，皆无所动。外国烟商认为交出少量鸦片给林则徐交差便可了事，于是采取拖延手法，称对命令要详加考虑，成立委员会商讨，七日内回复。林则徐非常气愤，限令外国烟商依时交出鸦片，否则翌日十时亲到十三行审判外国烟商。不假差役胥吏之手，知识界的士人与他同一阵线，召粤秀书院、越华书院、羊城书院三大书院六百四十五学子入贡院考试。名为考试，实为问卷调查。试题四道：鸦片集散地及经营者姓名、零售商、过去禁烟弊端、禁绝之法。自此林则徐掌握了所有烟商、贪官污吏之名单。

（接下来的目标——广州）

第三幕

【城门外】

秀才：钦差大臣林则徐，遵照皇上谕旨，于六月三日在虎门滩将收缴的洋人的鸦片当众销毁，沿海居民和在广州的外国人，可前往观瞻。

老者：真的吗？那真是太好了！

妇女（热泪盈眶）：皇上开眼啊！那些洋人的鸦片被销毁，我丈夫也可以不再流连鸦片馆了吧？

孩子们（四处跑动）：太好啦！洋人的鸦片终于要被销毁啦！大家都去看啊！

【一间屋子内】

小吏：大人，经过重重困难倒是已经将大部分鸦片都搜缴上来了，只是……这……这害人东西……该怎么样才能够彻底销毁呢？

林则徐（眉头紧蹙）：本大臣之前在湖广禁烟时，曾使用过焚化法，即先将鸦片搅拌桐油，再点火焚烧，最后将灰烬投入江中。

小吏：那这次亦是如此吗？

林则徐（摇了摇头）：不可，此法终有不妥啊。你可知，焚烧的时候总会有那么一些渗到泥土里的，那些受不了烟瘾的人，甚至会挖了这些泥土，回去自行提炼，再从中得鸦片过自己的烟瘾，如果用这个办法，鸦片余毒，还是禁不了啊。

小吏（不可置信，瞪大眼睛）：这鸦片的危害竟如此大？可以令人上瘾至此？！

（林则徐闭上眼睛慢慢地点点头，心中更深了定要将鸦片彻底从这片土地、这个国家禁止的信念）

【另一间屋子内】

林则徐：夫子见多识广学识渊博，可知有什么好方法能彻彻底底地销毁鸦片，不留一点残渣，没有再被提取的可能？

夫子（捋一把白胡须，沉思片刻）：如此说来，倒是有这样的方法，不过……

林则徐：夫子但说无妨。

夫子：我知道用石灰和盐卤与鸦片一起煎煮，鸦片遇到盐和石灰便会变成渣沫，是绝对没有办法再被提取的。

林则徐（点头）：此法甚好，只不过……我们要如何设那么多炉灶呢？这可要花好多银子啊！

夫子：我的顾虑也在于此，若设大量炉灶，这花费实在过高，不仅需要大量人力和物力投入，而且需要更多的管理，事情就太复杂了；若只设寥寥几个炉灶，又要花费许久的时间去销毁鸦片。禁烟这事，夜长梦多啊，那么久的时间，不知会不会发生什么变故。

林则徐：那么，如果用大池子代替炉灶，在水中撒盐制成盐卤，然后将鸦片切碎洒下，浸泡些许时间，投入烧透的石灰石，搅拌毁之，可否？

夫子：此法甚好！既有石灰和盐卤，又有高温加热，还能提高销毁的效率。大人，不如马上找人试验一下吧。

林则徐（拍手）：来人！现在马上试试此法是否可行。

（翌日）

小吏（面带喜色）：大人，来报。这个方法可行啊！

林则徐（抚掌大笑）：好！好！好！就以此法销毁鸦片，大清得救，指日可待啊！

第四幕

【虎门】

时间：六月三日，天蒙蒙亮。

民众（兴奋）：林大人亲自监督销烟，洋人的鸦片再也害不了人了！我们的日子马上就能变好了吧！

林则徐：今天，遵皇上谕旨，本大臣于此监将士将收缴的洋人的鸦片全部销毁，让这东西再也害不了人，开始！

旁白：将士们将一箱箱收缴上来的鸦片尽数倒入此前特意修建的大池中，又倒入海盐和石灰，不多久，池子里翻滚起来，冒出许许多多的泡泡，一团团白色的烟雾腾了起来。

年轻人（面色涨红）：做得好！这该死的鸦片，给我大清带来了多少灾难！多少好儿女，本来可以报效祖国，现在却沦为流连鸦片馆的病夫；多少完整的家庭，本来可以和谐美满，现在却因为这鸦片家破人亡；多少大清的白银，通过这样邪恶的交易，流入了洋人的口袋！就是因为鸦片，家不家国不国，现在这些东西被销毁了，真是大快人心啊！

民众（欢呼声不绝于耳）：好！好！好！

外国商人（脸色铁青）：不行，这林则徐断了我们的财路，定要向女王大人报上此事，让这些愚蠢的人看看我们大英帝国的厉害。

旁白：民众的欢呼声一阵高过一阵，盘旋在虎门的上空，这样的场景持续了整整二十三天。

林则徐：本大臣说过，若鸦片一日未绝，本大臣一日不回。而今，广州城内的所有鸦片都已经被销毁了。希望接下来，各国的商人都可以好好做生意，若还有谁要做这种害人勾当，定不轻饶！

外国商人（低着头）：是，我们必将依循大清律法行事，做合法的生意。

民众：谢林大人！大清万岁万岁万万岁！

第五幕

【大街上】

时间：一个月后。

年轻人甲：唉，这洋人的东西委实恐怖！竟危害至此！若不是林大人在虎门销烟，我们现在的日子，定是愈发苦不堪言！

年轻人乙：是啊！以前我虽知这不是个好东西，却不知道竟如此骇人！也不知道这群红毛怪人接下来又要搞出什么害人东西呢！

【外国商人甲的住处】

侍从（气喘吁吁，一路小跑）：先生，先生！回信来了！

外国商人甲（重重放下手中的茶，跳了起来）：什么？快给我看看！大英帝国一定会保护我们，保护我们这些忠诚的子民！

外国商人乙（读回信）：亲爱的绅士，你前往遥远的东方，将我们的特产与瑰宝带去，让东方的古国感受到了西方的魅力和强大，又为大英帝国带回了来自东方的白银，实在是个优秀的人。可如今，读了你的信，发现你居然在那里受到如此的对待，我们的宝物竟然被用那么粗暴的手段毁掉了，东方那些愚蠢的人实在太过分了！不过不用担心，请放心去做一切你想做的事情吧，因为强大的大英帝国永远不会忘记你，永远会站在你的身后，保护你。大英帝国是你最强大的后盾，一切都不用担心。

侍从：真是太好了！先生，这是大英帝国给您的承诺啊！

外国商人甲（阴险一笑）：呵，我们继续做我们该做的事，至于这些愚蠢的人，很快，他们就要为他们做的蠢事付出代价了。

第六幕

【销烟池旧址】

时间：1958 年初。

（孩童与母亲在林则徐纪念碑前驻足）

孩童（天真与好奇）：妈妈妈妈，这碑上刻的是啥呀？

母亲（淡淡的笑容，捋了捋鬓角的秀发）：这是林则徐纪念碑，他是中国的英雄。

孩童（敬佩）：真的吗？那他一定救了不少人吧！

母亲（意味深长）：何止是不少人，那是整个中国……

孩童（意外）：整个中国？

母亲：他唤醒了中国人萎靡不振的心灵，让他们振作，让他们改邪归正。正是因为有了这样的明理之人，才有了现在的中国。

（母子二人注视良久）

（夕阳之下，母子牵手离开）

旁白：古人不见今时月，今月曾经照古人。漫漫历史长河，在时光藏匿的岁月里，艰辛推搡流年旖旎的轮渡，一路前行。有太多太多的路人甲留下微不足道的一笔，就这样被人遗忘。但也有这样的一批人，如林则徐这般把自己的毕生精力都献给了国家，献给了民众。他们永远不会被历史遗忘，他们永远站在时代的巅峰。感谢他们为祖国带来生机，感恩我们现在所拥有的美好生活！

【终】

资料部分来源：百度百科。

作者学校：上海市宜川中学

蜀道难

陈昊哲

第一幕

时间：建兴六年（公元 228 年）春，诸葛亮北伐前某一晚。

地点：诸葛亮家中大堂。

人物：诸葛亮，蒋琬。

（开幕，诸葛亮与蒋琬坐于堂中下棋。诸葛亮神色坦然，而蒋琬手持棋子神情忧虑，迟疑不落）

诸葛亮（笑）：公琰何故迟疑如是？莫非公自认不敌我也？

蒋琬（神情忧虑，看着对方）：先生莫说笑也。明日大人即转驻汉中，进一步商讨北伐之事。然而曹魏兵力数倍于我军，固守可矣，若是北上讨伐，臣担忧……

诸葛亮：余知之。此次北伐，不说朝中群臣，即便吾亦无必胜之把握。

蒋琬（急切地起身）：然则先生为何如此急于北伐？今南方已定，国内稳固，先生为何不趁此休养生息，专心于国内民生治理，让蜀汉稳步发展，待得兵甲已备，粮食充足，百姓安居乐业，再大举进兵，争夺中原，则汉室之兴复如水到渠成。先生何苦现在匆忙进军，系自身性命与汉室未来于此一役乎？

诸葛亮（抬手打断）：汉室之兴复，非安稳之功也。（抑扬顿挫地）若天下无变，汉室固可默默发展偏安一隅，然北曹、东吴不知其劣势耶？若百年之日可供汉室休养生息，岂不可供他曹魏屯田养民，补给军力，不可供他孙吴兴盛其手工工坊，充盈国库乎？若放任北人安于发展，待得兵粮皆足之日，其大肆南下攻伐，汝认为凭天堑险要便可拒曹军数十万兵力，抑或区区益州如中原数郡一般肥沃，足以养如此数目之将兵？到那时，谁人有力回天？

蒋琬（坐下，低头沉思，神色黯然）：小子明白。小子仅仅为先生担忧而已。

诸葛亮（微笑，来到蒋琬身边，拍肩）：吾为此，不是为了拖垮蜀汉，而是为了主动适应变化。唯有主动出击，消耗魏国国力，为汉室争取更多土地，以此富国强兵，予百姓安居乐业，粮食充足，凭一时之战争，换万世之太平。（面对观众，微仰头）昔先帝信任臣，臣亦应鞠躬尽瘁，以报先帝知遇之恩，更不负天下百姓对安定的渴望。

蒋琬：臣知之。先生大可安心作战，国内政事交予吾、祎、允等人即可。先生放心，吾必竭尽全力稳固后方。

诸葛亮（欣慰地）：好，不愧余赏识之人。此局不如就此暂停，待得余归来后继续，何如？

蒋琬（拱手）：先生一言为定！

第一幕完

第二幕

时间：第一次北伐后。

地点：汉中，诸葛亮军营。

人物：诸葛亮，赵云，马谡，魏延，王平，通信兵、后勤兵若干。

（开幕，军营中，士兵们匆忙跑动着，诸葛亮站在高台上眺望街亭方向）

（诸葛亮神情焦灼，注视着观众席后方，来回踱步）

通信兵（快速跑上，急促地）：大事不好，将军！马谡率领的军队被张郃包围在山上，水源补给被切断，军队陷入混乱，马谡弃军逃跑，街亭马上要失守了！

诸葛亮（惊愕地呆站在原地，良久）：下去吧。

（通信兵退，诸葛亮神情由错愕转为失意）

诸葛亮（失落地）：为何，为何街亭会失守？是战术有误，还是余诚不应任用马谡？

（赵云上）

赵云：将军，此时非失落之时，箕谷战事不利，我军已被魏军打退，刚接到消息说街亭失守，战略要处被夺。子龙认为，将军应快快下令撤退，否则非但打不赢仗，我军更将大大损耗！未来甚至不会有重整旗鼓的机会！

诸葛亮：对，对，传我命令，全军火速撤退，死守汉中！

众将士：是！

（当晚，汉中营内，各大将领聚于一堂，逃将马谡被绑着跪于堂中）

王平：过程即如此，吾劝说马将军遵循军师的部署行事，然其自作主张扎营于孤山之上，致使我军为曹军所围，失了街亭。

魏延（愤怒地踹倒马谡，怒吼）：匹夫！奸贼！汝凭何任自专？吾早看出汝乃夸夸其谈之辈，原先便应阻拦汝受重用！军师，看看（指着马谡），此便为军师所信赖之人，汝无愧乎！

马谡（咬牙切齿地）：魏延，勿欺人太甚……

魏延：够了！（转向诸葛亮）先生，我军失了街亭，失了一切有利条件，先生当考虑后续该如何行动。

诸葛亮（起身看向诸将领）：明日起，全军撤回成都。我军如今已不能有任何行动，只能回成都，另寻北伐机会。

王平：先生，此次兵败后果严重，朝廷必将责问，建议先生快快处置罪人马谡，以平定军心啊！

马谡（惊恐地）：大人，大人不可！马谡一时糊涂，我向大人道歉，必不复自作主张，必听从大人言语，马首是瞻！请大人……

诸葛亮（示意马谡停止）：汝知错乎？吾北伐，为汉室夺未来也，为天下百姓谋福祉也，此皆为先帝之愿也。先帝一向先人后己，先百姓后社稷，先天下后个人。汝贪恋权力，急于表现自己，先己后人，此大错也！吾不会再任用你，明日一早，军法处置！来人，将马谡压入大牢！

马谡：不，大人，不——

（兵卒上，拖着马谡，下场）

诸葛亮：此次兵败，吾难辞其咎。若非吾错用专人，又无任何紧急应对措施，我军不至于一败涂地。上朝时吾会向陛下请罪。

赵云：先生万万不可自责，是子龙不才，无法取胜，有愧于跟随我的将士们，有愧于我蜀汉百姓。论过失，吾过于先生！还请先生振作精神，陛下仍需先生，蜀国仍需先生！

诸葛亮（仍失落地）：子龙，谢谢。各位皆去休息吧。（众人离开，诸葛亮长叹一口气，仰头而望）先帝，您所期望的长久太平，何时而来？

第二幕完

第三幕

时间：第一次北伐失败，返回成都。

地点：成都，皇宫大殿。

人物：刘禅，诸葛亮，蒋琬，赵云，议政大臣若干。

（开幕，诸葛亮与众将领跪于殿前，刘禅坐于皇椅上，神情忧惧）

刘禅（生气地）：军师！朕曾日夜祈祷军师能为汉室带来胜利，然军师却辜负本王，泱泱大军竟无法夺得哪怕一寸领土，军师，此罪，谁当？

（诸葛亮沉默，众将领面面相觑）

蒋琬（来到诸葛亮身旁，跪下）：陛下，此役罪不在诸葛军师。曹魏论军力、国力、粮食，皆数倍于我军也。军师即便有通天之术，亦无法凭借数万将兵攻克曹魏防线。此败非军师战略失误，奸人马谡自作主张，以致战略要处失守，兵败如山倒。蒋琬在此恳请陛下体谅军师……

刘禅：体谅！汝可知前线兵败消息传来时，朕心中之惶恐！北伐非儿戏，微小之失可致汉室倾覆！军师看似胸有成竹，然马谡非亮之重臣，非亮任用之耶？而你（指向赵云），你们这些将领，看似威风堂堂，以一敌百，为何战场上却无法克敌制胜？我汉室养你们这些将领，给你们封号、爵位、俸禄，非养闲人尔！废物，都是废物！（绝望地）朕还未享受人间极乐便要亡于此帮废物之手，苍天为何如此不公！全部贬官！

（众将领不敢抬头，诸葛亮起身）

诸葛亮：陛下切勿担忧，臣明白此役对于陛下和汉室的重要性。战败，我难辞其咎，在此自贬三等。（转向百官）孔明也向各位谢罪，是吾之疏忽，辜负了诸位给予孔明的厚望，孔明负了诸位，负了汉室。（行礼，转向刘禅）陛下，臣辜负了陛下的期望，但还愿陛下相信臣，臣仍能为汉室效力，北伐决心永不改。

蒋琬（诚恳地）：陛下，蒋琬请求陛下信任军师，没有军师，兴复汉室遥不可期！

众官（异口同声地）：请陛下信任军师！

刘禅（怀疑地）：他一个战败军师，让朕如何信任？军师，给朕一个理由。

诸葛亮：纵然曹魏实力滔天，东吴虎视眈眈，我汉室实力诚不如他国。但，为了报答先帝，为了辅佐陛下，更为了蜀汉百姓安居乐业，为了我大汉能再次兴复，还天下太平，臣不会允许自己放弃，臣会逼迫自己迎难而上，即便身死也在所不惜，唯为后人谋福祉，为天下谋太平。战争，牺牲失败在所难免，但请陛下相信，和平必将到来！我大汉必将兴复！

众官：臣当尽忠汉室，毕生为汉室谋求太平！

（谢幕）

全剧终

作者学校：上海市控江中学

另一种美

陈思奕

当你静下心去欣赏美时，你是否听到了花开的声音？

在我读到那则故事前，我会喜欢花的美，却不会细细欣赏不同的花草各具特色的美。可在我读到“所有的植株都曾在开花前受伤”，读到“你看，有人喜欢玫瑰，有人喜欢蒲公英，没有人能否认一种植株的魅力……”时，我被这些话所触动，不由地开始在心里想象每一朵花背后的故事——每一株植物从种子到破土萌芽到生长枝干，每一朵花从生成花苞到微微绽开到盛开怒放。再看到花花草草，它们在我眼里就有了不一样的魅力，有了更触动人心的美。

那个傍晚，夕阳将天空染成一片红霞，阳光散落一地，将大地染成金黄，金黄色的草梗、金黄色的落叶……以及一朵金黄色的野菊。略一低头我看见那朵小小的野菊，淡黄色的花瓣、浅金色的花蕊。野菊开得很小，几近平贴着地面。俯下身细细去看，细细的花瓣竟是长短不一的，有些断了一角，有些破了一边，却盛开得灿烂，只会让你感到残缺的美感，丝毫没有不完美的缺憾。阳光映照的金黄就这么映入了你的心底，在这低头的一瞬间，我听见了潺潺流水，听见了雀鸣欢歌……就像在一刹那间补回了心中缺失的一角，那是种难以言说的感觉，我想那是花开的声音。

我看着那朵小小的野菊，思绪渐渐飘远，仿佛又回到了几年前的那个雨后，我站在外婆家的院中凝视橘树上星星点点的白花。绿叶丛中星星点点的白，那是种清浅的白，我看着它，久久不能回神。那是不染尘埃之美，是明净清雅之美。

那美比漫天烟火更震撼人心。那花盛开在你眼里，盛开在你心里，让你远离都市的喧闹和快节奏，令你感到岁月静好，惬意地享受生命最美的时刻。

我不由走上前，想进一步欣赏那份美。最先映入眼帘的却是树枝上斑驳的伤痕，美玉虽好却有微瑕，于刹那间触动人心弦。

所有的植株都曾在开花前受伤吗？我蓦地想起早前看过的一则故事，女孩寻遍了整个花园却没有一株没有伤痕的植物。

细细回忆一番，好像的确是这样的。白色苜蓿开的花很美，可若你细细观察，它的茎叶是缺失了边边角角的；二月兰开得清浅却也总缺了一枝半叶……它们的每一片花瓣，哪怕你细看之下仍是极美，但它其实并不尽善尽美，它受过伤，却开出了它的魅力……

我不由思考，花，都是那般绝美，谁会想到它曾受过伤，曾不好看？它展现给世人的是花开时分的惊艳。它舒展开茎叶，舒展开脉络，舒展开花瓣。它勇敢无畏，努力拼搏，才用半生血泪换来一昔惊艳世人的风采……所有的花，都是最美的风景。美玉微瑕才是世间绝色，残缺之美可直抵人心。

我们该去看看仙人掌盛开的微小之花，看看在草丛间悄然盛开的白色苜蓿，闻闻二月兰的淡淡清香……若你放缓脚步，你会再次听到“蝴蝶的歌唱”“花开的声音”，那躁动不安的心会沉静下来，扫去尘埃……

俯下身去看，那一片花瓣开得凄美，你感觉到那独有的令人心安的大自然的气息了吗？

你若有空，不妨去听听花开的声音吧。

作者学校：上海市吴淞中学

相处的时光

黄梦萱

茉莉花又开了。

清香中我想起了和姥姥在一起的那些时光。

姥姥手很巧，经常亲手给家里人做衣服。夏天，我和姥姥躲在卧室避暑。

夏季炎热的风吹进窗台上茉莉花的清香。姥姥坐在缝纫机前，双脚啪嗒啪嗒踩着踏板，双手在滚轴下飞快舞动，像一只翩飞的蝴蝶。我常常搬把小凳子坐在姥姥身边，有时我只是羡慕地看着姥姥的手指上下翻飞；有时我拿出一张洁白的画纸，镌刻下姥姥认真安详的样子。

姥姥一直缝着衣服，很少言语。洒在姥姥肩头的灿烂阳光映得她的白发泛起金色，姥姥多了些与平日不同的经岁月雕琢后的美丽。

空气中有暖融融的阳光的味道，有清幽的茉莉芬芳。

偶尔姥姥会抬头看看我，用灵巧的双手摸摸我被太阳晒得发烫的头顶，我亦有感应般抬头，看着姥姥溢满慈祥温暖的双眸，相视会心而笑。

姥姥家的阳台种满了花。

金银花盛开之际，满阳台都是那股淡淡的幽香，我最爱在这时和姥姥一起去阳台。姥姥浇花时，我眼巴巴地等在花旁，姥姥拍拍我的头，含笑采下一朵花放在我掌心。

姥姥教我吃里面的花蜜，教我握住洁白的花，留住那抹清香在掌心。

姥姥还爱给我讲金银花的习性。她总是一边仔细给花浇水，眼中涌动着些许敬慕，一边用轻柔语气和我说话。

姥姥说它花败而生新叶，凌冬不凋，故又名忍冬。讲这些时，姥姥眼中会带着期待和欣赏，而后又温暖地看向我，疼爱地抚过我垂在脑后的辫子。

有时我兴奋地叽叽喳喳，杂七杂八地说着学校里的趣事。姥姥就安静地听着，或是给花浇浇水，或是坐在忍冬旁晒太阳。温柔在姥姥的眼中蔓延开来，她无声而耐心地倾听着。

满阳台艳丽的花，燥热的夏风吹来，花叶颤动发出喜人的沙沙声，我和姥姥一起在花中画画。幼稚的线条和姥姥涂上的清浅颜色相得益彰，是一朵忍冬。

时光荏苒，这样的温柔和宠溺让我至今都觉得忍冬的香气熏染了我满手满心。

偶得一个闲适的午后，姥姥会捧一本诗经在手中轻轻诵读。

有时我苦恼于考试退步，一人暗自神伤，“芄芄白兔，东走西顾”传入耳中，心底一下浮现出一只有趣的兔子蹦蹦跳跳的场景，展颜而笑；有时我在看书，心神却被姥姥吟着的一句“桃之夭夭，灼灼其华”吸引过去；有时姥姥会把我叫到跟前，读着“投我以木瓜，报之以琼琚。匪报也，永以为好也”，教我做人的道理……

诗经蕴含着岁月静好的气质，隽永的文字和赤诚的情感被我和姥姥欣赏。

所以常有这样温馨的时光，我倚在姥姥怀中，听姥姥用不再年轻的声音念着古朴的句子，和谐而又恬淡……

姥姥的爱飘散在窗外的茉莉香中，藏匿在冬日的忍冬枝叶下，蕴含在诗经隽永的字里行间，在每一段我们相处的时光里温柔滋长。

作者学校：上海市吴淞中学

落红

陆晨奕

趁着寒假我又重温了一遍《我的父亲，我的儿子》。没有像第一遍看时那样觉得影片无聊，这一次我一个人窝在家中硕大的沙发上泪如雨下。父母是分开的，为此，我终不是一个足够温情细腻的人，连我自己都惊讶这突如其来的泪水喷涌。

因为爸爸的沉默寡言和不善表达，我总想写点什么来谈一谈自己记忆中的爸爸。我只是怕我再不写点什么，我就快要记不住那些细节，忘掉要感恩点什么了。

我该如何感恩他？

那天我死皮赖脸地拉着他去电影院看《摔跤吧！爸爸》。影片挺长的，在电影院中我发现爸爸几乎要睡着了，我却也任他去了。在黑暗中待得久了，我又一次转头看他，或许是电影的温情在起催化作用，他的眉眼都柔和了起来。女主角那一声爸爸像是海洋世界中的鱼，无孔不入。他的眼睛、鼻子、嘴唇都在世界的夹隙中缓慢褪色，他仿佛变成了一个佝偻的陌生男人。我这才发现他头发里的花白，他皱起的皮肤和他有些邋遢的胡子，这是我的爸爸吗？

这是我的爸爸。

这是我第一次请他看电影，小的时候都是他请我。他总是无事便带着我去电影院中逛一圈，还总爱背着我。我记得那个过马路的瞬间，他一下把我抱起来，放在怀里便大步流星迈开步子，那个时候他是矫健的、年轻的。

我想请他看电影，想抱抱他，想把我有的最好的都给他。女儿记忆中的爸爸，总是女儿想要记住的模样。我到底该拿些什么去感恩？那些曾经经历的、他给我的甜蜜时光还回得来吗？

爸爸做的葱爆鲫鱼很好吃，做法的确是有些麻烦，他总是抱怨皮炸焦了，或者酱油放多了，而我在一旁在他慈爱宠溺的眼神中吃得欢快。我也尝试着做这道菜，可总差了些什么，我吃不出来，只是看他在饭桌前吃着鱼尾巴鱼头，心又开始了一场难过的旅途。他应当是属于蓝天大海草原荒漠的勇士，他本应当上天入地，却困在了这一方小小的家里，困在了我的身边。

我该如何感恩他？

这一场感恩我总是不及他给我的多，这是没有办法还清的，他也乐于给予我如此之多。他总是理解我心中的劣根性，于是大手一挥，只是留下一句“给她一个家，让她来去自如”。我从此浪迹天涯，不再有牵挂，没心没肺，蓦然回首，那个厚实的怀抱还在我背后，我走得太远了，他也跟得太累了，于是我决定回到那一方温馨，现在的我只想好好表达我的谢忱，一腔热血已过了沸腾的年岁，我只要他安好。

我只要他安好。

他已年过半百，还不肯休息，执意为了我的事情操劳。过年时，他喝得烂醉，我把他抬上出租车，把他抬到四楼。他步履蹒跚，全身都没了力气，只是手还紧紧握着我的手。他的手掌厚而拙，上面还有一些小伤口，指甲很钝，我想起这双手紧紧握住我，我想起这双手做的葱爆鲫鱼，我想起很多很多在浅薄时光里他为我做的。烂醉的他像个孩子般，我就这样一声一声哄着他，在我小的时候他也是这样做的吧。

不要说抗拒的烛光何须倾倒。

生命依然生长在岁月的河水上。

感恩则是我能为他做的唯一。

落红不是无情物，化作春泥更护花。我不善表达并不代表我无情，只是我那颗心随了爸爸的，就是默默的。我想起树欲静而风不止，子欲养而亲不待。我不愿错过，我想一点点开始感恩，就如同爸爸做的那样。我想起我请爸爸看的电影，我想起为爸爸做的葱爆鲫鱼，我想起在深夜把爸爸扶上楼，我想起我已做的、未做的种种感恩之事。

我是他的骄傲吗？

我的感恩他能感受到吗？

爸爸，我能忘记所有，却从不会忘记爱你！

最好的感恩便就是爱你吧。

作者学校：上海市嘉定区安亭高级中学

本我

蔡笑彤

我们去除当代社会中所有的物质因素，让人类文明的缔造者与革新者缓慢走出个体的深渊。

弗洛伊德在 20 世纪 20 年代出版的《本我与自我》中提出三个名词：本我、自我、超我。这三个“我”构成了一个完整的人格系统，在我们的躯体中完成着诸多重要程度不同的工作，而这个重要程度的标杆则因人而异。

以下对本我、自我、超我进行一些以科学性为主、以主观理解为辅的解释，以便你和我一起异想天开。

本我。人格系统中最原始的组成部分，蕴含着人类生命最初的心理积淀，生来即拥有，如生理、性、情感，“为乐原则”至上，位于潜意识层面，是一个即将被压抑、被摒弃于一时之外的非理性、非人格化、非社会化的不受任何现实原则束缚的我。

自我，亦可理解为自我意识。自我人格系统包括两个组成部分。其一是主体我，以“我”的视角去观察周围的事物及其与世界的关系。其二是客体我，与主体我相反，处于被观察的地位，是一个被世界认知的过程（部分）。在自我意识中，我们从本我的生理与心理出发，去评价和认识主体我与客体我，从自我的人格系统开始，逐渐出现“个体社会化”的现象。

超我。最接近当代社会模式的人格系统，从压抑本能要求进化而来，是人格系统中最后发展的部分。超我包括道德、良心、自我理想。为了实现以上三种，个体会为自己设定行为价值标准。超我由“完美原则”支配，完全位于本我原始渴望的对立面，是“个体社会化”的产物。

在有了这些解释后，请允许我带你一起异想天开。

本我、自我、超我构成了人类在精神层面的三个成长形态，亦构成了一个完整的人格系统，由此可见人类生来拥有这三个“我”。从本我成长到自我的过程非常短暂，似乎一眨眼间便形成了，且成熟地形成了，而异常快速同时也带了必然严重的弊端；从自我成长到超我的过程则非常缓慢，这是人类成为一个与其他物种不同的物种的过程。在这期间，一切属于人类的智能得以充分延展，我们通过创造、维护、重塑认知与评价等多种方式，形成一个螺旋上升发展的过程，诸多的能力在这个过程中被不断开发，不同的能力在不同的人身上体现。所以，尽管这是一个秉持“完美原则”的超我人格系统，实则注定有一个不完美的结局，但我相信能力自始至终在一个人身上是挖掘不完的。与此同时，随着时代的更迭，我们也一点一点被“社会化”，并逐步深陷其中，从上文对三个“我”的解释中就可以看出。所以我认为，自我与超我的形成，基于个体与外界一种必要的“联结”，也可被视为“能力”被最大化开发的副作用。

我并不完全认同百度百科中的一句话：超我是人生的最高境界。

就绝大多数当代人而言，自我与超我的解释更为熟悉亲切。我第一次看到本我的科学解释后，不禁感叹：当代人怎会如此失去理智，竟然还有一个完全受基础欲望控制的“我”残存于内心深处？自我与超我才是我第一反应能够接受的人格系统的组成部分。我甚至为我们正在向着实现最终超我的方向努力而莫名感到高尚。然而，随着我深入地阅读、逐步地推敲，我对于本我感到陌生与排斥的原因正一点点浮出水面：在当代社会，过度地压抑本我，导致社会的冷漠化、数据化、麻木化加剧。

数据是最直接的证明。暑假的某一天，我坐在全上海人流最密集、最多元的一角，久久凝视着眼前形形色色的人们。他们匆匆从一块黑色帷幕前走过，独自一人或好友成群，有黄色皮肤亦有黑色或白色皮肤，有精致妆容亦有素面朝天，有大步流星前进亦有缓缓思考着前进。我被此刻人类的多元所吸引，却又感受到一种深刻的、人与人之间的距离感。忽然间我意识到，这何尝不是当代社会人们被数据化所掌控的一幅形象化、直观化的缩影图？人们行走在数字之中，被手机、电脑等电子产品快速连接。无论是社交还是工作，人们都在虚拟的数字化平行世界中行走、互相交错。由于速度很快，人们不得不抛弃所谓的“棱角”，一步步走向失去意义的圆滑。或许人们最终达成了目标，却发觉内心深处已成了一座寸草不生的岛屿。此时我们会感叹自己的岛屿缺少了真诚，却没有意识到是我们自己切断了最根本、最重要的自我感知与感化能力，而这本是我们生来就拥有的。

从当代青年的视角出发界定最高的人生境界，我认为这是一种在达到了超我的境界后仍然清醒地意识到本我的存在并去留住它的境界。

儒家思想已渗透于当代中国社会的每一处角落，这段始于千年之前的思想源于伟大的思想家、教育家孔子。孔子的儒家思想在经历千年岁月的洗礼后，仍旧延绵不断流传至今。它将随着时代的进程深深地融入每一位青年的血液。将时光倒退至千年以前，孔子儒家思想的雏形正在形成，仁、义、礼、智、信在孔子的引导之下走入百姓的家门。孔子的思想之所以能够对中国乃至全世界产生如此深远的影响，是因为它将本我中的“善”发挥到了极致。孔子俨然实现了超我，并依靠着虔诚的信仰为人类文明留下了如此绝妙的智慧结晶。

放眼当代西方社会，一位伟大的物理学家霍金同样在实现超我的同时不断完善着本我。这位物理学家，抑或是宇宙学家、数学家、哲学家，在 21 岁时便被确诊为肌肉萎缩性侧索硬化症，医生曾诊断如此绝症最多能够允许他再活两年。然而，他成功地打破了医生的预言，21 岁之后在一步步看着自己各个器官衰竭的同时，依靠自身对于本我强大的坚守与追寻，不断地提出一条条影响着当代科学界的学术理论。霍金在 2018 年 3 月与世长辞，然而他所提出的理论则注定成为人类未来探索科学与宇宙世界时不可或缺的基础理论。霍金在实现超我的同时，将本我的作用发挥得淋漓尽致。

本我是意识体与物质体的结合，是对于一切生命最全面、最合理的文字翻译。我们在感知到本我的存在后，才能够更好地完善自身。本我包含了生命力、内驱力、本能、冲动、欲望，迄今为止，可以被视作大自然给予地球的一次礼赞。大自然将一个别具一格的物质——生命，赋予地球。然而，事实是，在当代社会，由于我们过度压抑本我，导致我们无法真正感受到本我的存在，正在逐渐失去本我。如此失去了积淀的生灵将如何完成自我价值的最高体现？

由此，一部分人将探索本我视为人生的终极境界。那是否就可以把人类的生命定义为一次“轮回”，始于本我，亦终于本我？我想，基于我当前浅薄的人生阅历，还不足以给出属于我的定论。值得明确的一点是，本我是所有生命运转的源头。

作者学校：上海市进才中学

执神者

◎蒋哲怿

暑期阅读《先生们》，从国学大师至科学前辈，一书读毕，独留惊叹，择二者一叙以敬其神也。

执笔者，吴冠中也。为了表示对先生淡泊名利之品质的尊敬，不进行过多对头衔名誉的介绍，只用画家二字概其一生。

我的第一本吴冠中画集是初中班主任赠予我的生日礼物。说实话，我当时并不了解吴冠中，只知青色书面上飘逸的签名勾起的一角，确实带着画者特有的劲儿。只待翻开那本画集，从嶙峋山间翻到女子撑伞着长裙的倩影时，才知那劲儿，许是苍遒中又满是温柔。

吴老先生的温柔融在与妻子朱碧琴的相互扶持、伉俪情深中；泡在早已酽了的绿茶中；藏在从东海之角到西藏雪域的一生画卷中。吴冠中大抵是从水墨画里走出来的人，眸里蕴着星辰般的温柔，笔里藏着数不尽的浩瀚汪洋。

但吴冠中的温柔，也是带着刀子的。

他会在全国人民面前将中国艺术界令人失望的事实大声说出来。他对金钱的抵触与不求名利的作风并不是他在艺术界看似软弱的表现。他骨子里，血墨相混不止息地流着。他铿锵的声音在中国艺术界有力地回击着一切讥讽。

“佳酿晚晴熟，霜叶吐血红”，这苦与痛煮出的佳茗，交织着化在吴老先生的人生中。

吴冠中说：“这一生，苦，永远缠绕着我。”但是若想快乐，只有向痛苦里寻找。他找到了在利益至上中自我的脱俗，他在繁扰的世界里寻得了自己的温柔乡，那里只有他喜欢的颜色。如果每天都是一幅画，我们应该尽心去着墨，尽情去上彩，尽力去美丽动人，在落款时才不会遗憾。对吴冠中来说，“涂鸦是容易的，留白是困难的；染色是容易的，抒情是困难的；签名是容易的，落款是困难的”。

如果说生活对于吴冠中是一摞待作的画卷，需要丹青画笔细细勾勒，那么，生活对于吴清源则是一盘随时开局的棋。

执棋者，吴清源也。同样，我只以“棋手”一词述其一生。

吴清源仿佛是下围棋的天才。

吴清源的百年人生实为坎坷，追溯往事，虽会惊叹于他赫赫有名的棋盘战迹，感动于他与妻子的相濡以沫，但也会思索于他模糊的国籍，最后入了日本国籍的吴清源为世诟病。

阴阳圣手，独坐纵横，心中唯棋，“无论是棋盘上的苦战，还是夹缝中生存的艰难，都已在他静心修为中化为虚无”。

想要提笔将两位吴老先生糅合在一起写，大抵是因为我总觉得两位有着相似的地方。

同样对物质低要求，同样把世间臧否视为过眼云烟，同样对老本行尽心付出，同样有着一世未变的热忱。让吴冠中与吴清源执着的最纯洁、最根本的神儿，是什么神儿？是中华之精神，是五千年历史的沉浸，是中华二字含着的深意，是留华至耄耋都不曾忘记也无法深谙的真谛。

执神者，自然并非二吴，每一位中华儿女都本着一份初心。站在清浊间，看两岸的人，风景，如同无声的黑白影片，唯一的色彩是心底揣着的一份小确幸，一份小追求。

不要忘记再品一篇美文，再撷一句美词，再善待下一个今朝，再珍惜每一段缘起，更不要忘记，埋于心底的跳动，正指引着自己，温柔处世，在中华经典里觅一觅最真。

作者学校：上海市奉贤中学

艺术创作

◀ 未来美食工坊

上海市卢湾一中心小学

包左天宸

▲ 小小笼包

上海市徐汇区上海小学　孙少擎

将進酒　李白

君不見黄河之水天上来
奔流到海不復回君不見
高堂明鏡悲白髮朝如青
絲暮成雪人生得意須盡
歡莫使金樽空對月天生
我材必有用千金散盡還
復来烹羊宰牛且為樂會
須一飲三百盃岑夫子丹
丘生将進酒盃莫停與君
歌一曲請君為我傾耳聽
鐘鼓饌玉不足貴但願長
醉不復醒古来聖賢皆寂
寞惟有飲者留其名陳王
昔時宴平樂斗酒十千恣
歡謔主人何為言少錢径
須沽取對君酌五花馬千
金裘呼兒将出換美酒與
爾同銷萬古愁

▲将进酒（李白）

上海市虹口区中州路第一小学　殷梓宏

▲弄堂记忆

上海市杨浦区教师进修学院实验小学　岑欣宜

松鹰图

上海市宝山区大华小学

程润萱

春来燕归

上海市宝山区第三中心小学

韩沁仪

▲烈火卷雄风

上海市浦东新区第二中心小学　尚子程

龙▶

上海市松江区小昆山学校

王可心

▲ 读书不作儒生酸，跃马西入金城关

上海市浦东新区新世界实验小学

虞子莹

▲ 孟法师碑铭（节选）

上海市金山区兴塔小学

杨芮琪

▲梦想号

上海市大同初级中学　张子欣

刀马旦▶

上海市民办新黄浦实验学校

肖潇

勝日尋芳泗水濱
無邊光景一時新
等閒識得東風面
萬紫千紅總是春

朱熹 春日詩
戊戌年二月初九钱如玉書

▲春日（朱熹）

上海市洵阳中学

钱如玉

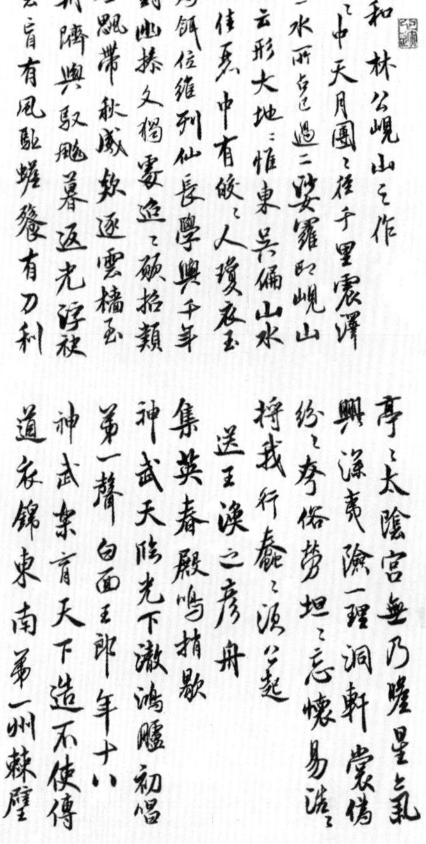

和 林公峴山之作

皎皎中天月團團徑千里震澤
乃一水所溢已過二娑羅即峴山
謬云形大地地惟東吳偏山水
古佳麗中有皎皎人瓊衣玉
為餌位維列仙長學與千年
對幽操久獨處迢迢願招類
金颸帶秋威欻逐雲檣至
朝隮輿馭飆暮返光浮袂
雲盲有風驅蟾餮有刀利
亭亭太陰宮無乃瞻星氣
興深𢖶險一理洞軒裳偽
紛紛夸俗勞坦坦忘懷易浩浩
將我行蠢蠢須公起
送王涣之彥舟
集英春殿鳴梢歇
神武天臨光下澈鴻臚初唱
第一聲白面王郎年十八
神武樂育天下造不使傳
道衣錦東南第一州棘璧

▲和林公岘山之作

上海市北虹初级中学

苏慧

▲告别低头族

上海市昆明学校　叶沛妮

▲猎豹

上海市长江第二中学　夏雨晴

◀ 读书破万卷　下笔如有神

上海市曹杨二中附属江桥实验中学
左浩宇

黄山奇松 ▶

上海市罗星中学
束飞

▲小村

上海市华东政法大学附属实验学校　张育绵

▲繁花似锦

上海市青浦区崧泽学校　姚婧奕

▲趣秋

上海市光明中学　冯元

▲油画

上海市格致中学　李一昀

人間四月芳菲
盡山寺桃花始
盛開長
恨春歸無覓
處不知轉入此
中來

丙申春
汪周陽書

▲ 大林寺桃花

上海市曹杨第二中学　汪周阳

草堂十志
嵩山草堂者蓋因自然之谿异
以當塘洫資人力之締架復加
茅茨将以避燥濕成棟宇之用
昭簡易叶乾坤可容膝休間谷
神全道此其所以貴也及靡者
居之則妄為翦飾失天理矣歌
曰山為宅草為堂芝室兮藥
房羅蘼蕪拍薜荔荃壁兮蘭砌
蘼蕪薜荔成草堂中有人兮信
宜常讀金書飲玉液童顏幽操
長不易

吉欣怡

▲ 草堂十志（唐·卢鸿）

上海财经大学附属北郊高级中学　吉欣怡

▲梅

上海师范大学附属罗店中学　李扬

▲书之境

上海市嘉定区第二中学　陈睿颖

◀ 海明威画像

上海市川沙中学

徐睦鉴

街边小贩 ▶

上海市华东师范大学

附属枫泾中学

何诗欣

▲花样年华

上海市松江区教师进修学院附属立达中学

金思航

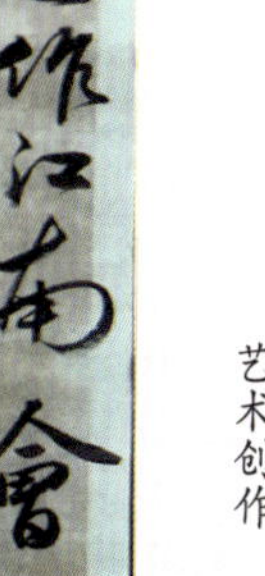

戴叔伦诗一首▶

上海市崇明中学

刘炜霆

图书在版编目（CIP）数据

阅读让精神世界更美好 / 上海市教育委员会中小学图书馆工作委员会编. — 上海:上海教育出版社, 2019.4
ISBN 978-7-5444-9025-2

Ⅰ.①阅… Ⅱ.①上… Ⅲ.①作文 - 中小学 - 选集 Ⅳ.①H194.5

中国版本图书馆CIP数据核字(2019)第053494号

责任编辑 宁彦锋 杜金丹
封面设计 周 吉

阅读让精神世界更美好
上海市教育委员会中小学图书馆工作委员会 编

出版发行 上海教育出版社有限公司
官 网 www.seph.com.cn
地 址 上海市永福路123号
邮 编 200031
印 刷 上海展强印刷有限公司
开 本 700×1000 1/16 印张 11.25
字 数 165 千字
版 次 2019年4月第1版
印 次 2019年4月第1次印刷
书 号 ISBN 978-7-5444-9025-2/G·7467
定 价 98.00 元

如发现质量问题，读者可向本社调换 电话：021-64377165